Christian Lassen
Die altpersischen Keilinschriften von Persepolis

Entzifferung des Alphabets und Erklärung des Inhalts

Christian Lassen

Die altpersischen Keilinschriften von Persepolis

Entzifferung des Alphabets und Erklärung des Inhalts

ISBN/EAN: 9783955644048

Auflage: 1

Erscheinungsjahr: 2013

Erscheinungsort: Bremen, Deutschland

@ EHV-History in Access Verlag GmbH, Fahrenheitstr. 1, 28359 Bremen. Alle Rechte beim Verlag und bei den jeweiligen Lizenzgebern.

EHV
HISTORY

Die
Altpersischen Keil-Inschriften

von

Persepolis.

Entzifferung des Alphabets und Erklärung
des Inhalts.

Nebst geographischen Untersuchungen
über die Lage der im Herodoteischen Satrapien -
Verzeichnisse und in einer Inschrift erwähnten
Altpersischen Völker.

Von

Dr. Christian Lassen,

ausserordentlichem Professor an der Rheinischen Friedrich - Wilhelms -
Universität, Ehrenmitgliede der Asiatischen Gesellschaften zu Calcutta
und London und der Königlich Norwegischen Gesellschaft der
Wissenschaften zu Drontheim.

Vorwort.

Der Verfasser übergiebt dem gelehrten Publicum diese Abhandlung mit dem Wunsche, dass die darin geführten Untersuchungen sich seiner theilnehmenden Aufmerksamkeit, unbefangenen Prüfung und wohlwollenden Berichtigung erfreuen mögen.

Als der Druck dieser Schrift schon über die Hälfte vollendet war, erhielt der Verfasser ein Schreiben seines verehrten Freundes, Herrn Burnouf's, worin er ihn benachrichtigte, dass er mehrere Mémoiren, die er nächstens veröffentlichen werde, über denselben Gegenstand im Institute vorgelesen habe, und dass er dabei einige (so viel ich weiss) unedirte Inschriften habe benutzen können.

Hätte ich vor dem Anfange des Druckes gewusst, dass ein Gelehrter, der in der so unentbehrlichen Kenntniss des Zend die grössten Fortschritte gemacht, der dazu einen grössern Vorrath an Inschriften, dessen Mangel ich an mehr als einer Stelle meines Werkes beklagt habe, besass, und dessen sinnreichen Scharfsinn und unermüdete Ausdauer in paläographischen und grammatischen Untersuchungen ich aus gemeinschaftlichem Arbeiten schon längst erkannt hatte, dass ein solcher, sage ich, sich dieselbe Aufgabe mit mir gesetzt hatte: würde ich allerdings Bedenken getragen haben, meine Arbeit ohne Berathung mit ihm zu veröffentlichen: ich hatte aber nicht mehr die Wahl, und auch scheinen mir meine eigenen Untersuchungen eine hinreichende Bürgschaft in ihren Ergebnissen zu besitzen, um selbständig auftreten zu können. Das Publicum hat auf jeden Fall den Vortheil, denselben Gegenstand von zwei Seiten her, unabhängig von einander, behandelt zu erhalten.

Es kam hinzu, dass der Verfasser eine Verpflichtung zur Bekanntmachung seiner Arbeit übernommen hatte, indem das hohe Ministerium mit einer Bereitwilligkeit, die der Verfasser sich gedrungen fühlt, mit dem lebhaftesten Danke öffentlich anzuerkennen, ihm die erforderliche Summe bewilligt hatte, um bewegliche Typen der Keilschrift verfertigen zu lassen. Es wäre in der

That, ohne dieses Hülfsmittel, unmöglich gewesen, mit der Untersuchung ins Einzelne zu gehen. Der Verfasser wagt kaum zu hoffen, dass seine Arbeit der Theilnahme und Aufmunterung würdig sey, welche eine so hohe Staatsbehörde ihr dadurch hat zu Theil werden lassen.

Das Schneiden der Stempel hat Hr. Buchdrucker Georgi die Güte gehabt selbst zu übernehmen und den Guss der Typen zu besorgen.

Da der Verfasser die Absicht hat, zu diesen Untersuchungen zurückzukehren, sey es ihm erlaubt, mit folgender Stelle aus Niebuhr's Lebensbeschreibung seines Vaters dieses Vorwort zu schliessen.

―――――

Diese Ruinen, ihre Inschriften und Basreliefs, waren durch drei frühere Reisende so weit abgezeichnet, dass sie die Aufmerksamkeit Niebuhr's als das wichtigste Denkmal des Orients mächtig erregten. Die Fülle der Inschriften und Bilder liessen hoffen, es werde sich einst ein Enträthseler finden, der, wenn ihm beide genau abgezeichnet vorlägen, sie vergleichend, jene verstehen werde: und Niebuhrs treffender Blick belehrte ihn, wie ungenügend die bisherigen Abzeichnungen seyen. Nichts von allem, was er in Asien gesehen, zog ihn so mächtig in der Erwartung an: er konnte nicht rasten, ehe er Persepolis erreicht hatte, und die letzte Nacht verging ihm schlaflos. Das Bild dieser Ruinen blieb ihm sein Lebenlang unauslöschlich, sie waren für ihn das Juwel von allem, was er gesehen.

Vierthalb Wochen verweilte er unter ihnen, in einer Wüstenei, und in dieser Zeit arbeitete er ununterbrochen die Trümmer zu messen und abzuzeichnen. Die hoch an den Mauern stehenden Inschriften waren nur dann deutlich zu erkennen, wenn die Sonne sie beschien; da nun in dieser Luft der harte ursprünglich polirte schwarze Marmor nicht verwittert, so wurden seine Augen, schon von der ununterbrochenen Arbeit äusserst angegriffen, sehr gefährlich entzündet; und diess, so wie der Tod seines armenischen Bedienten, nöthigte ihn, höchst widerstrebend das alte persische Heiligthum zu verlassen, ohne es durch Abzeichnungen erschöpft zu haben.

Bonn am Rhein, im Mai 1836.

Der Verfasser.

§. 1. Einleitung.

Das Länder - Gebiet, welches der Lauf des
Tigris, und, wo beide Flüsse sich nähern, der
des Euphrats im Westen, der Persische Meerbu-
sen im Süden, die grosse Salzwüste im Osten,
und der Gebirgs - Zug, dessen Mittelpunkt der
hohe Demavend ist, im Norden umgränzen, ist
die Heimath der urweltlichen Monarchien der
Assyrer, Babylonier, Meder und der, die vor ihnen
herrschenden Völker überwältigenden Perser. Es
ist zugleich die Heimath einer eigenthümlichen
Gattung von Schrift, die es bei uns üblich geworden ist, Keilschrift zu nennen, und die
schon durch die Oertlichkeit ihres Vorkommens
einen Zusammenhang mit jenen Weltreichen an-
zusprechen scheint. Ihre Elemente, keilförmige
Striche und Winkelhaken, finden sich auf alten
Denkmalen am See Wan, in der Nähe Hamadans,
also Ecbatanas, in den Ruinen Babylons und an
den Pallästen Persepolis wieder, nur auf verschiedene Weise zu Zeichen für Buchstaben oder Sylben verknüpft. Ausserhalb jener Gränzen erscheint
sie nur als ein mit der weitgreifenden Herrschaft

der Achämeniden einherziehender Fremdling, wie auf der Landenge, die Asien von Africa trennt. Geographisch stellt sich also das Gebiet dieser Schrift in die Mitte zwischen die Semitischen Alphabete des westlichern und die Indischen des östlichern Asiens; andere alphabetische Schriftarten kennt das alte Asien nicht und die asiatische Paläographie wird erst durch die Entdeckung der Keilschrift vollständig.

In eben dieser Schrift war gewiss auch die Inschrift, die Darius am Bosporus auf die Denksäule des Scythischen Feldzugs hatte setzen lassen und die Herodot noch sah.[*] Er nennt sie Assyrisch und diesen Namen brauchen auch sonst die Alten, wenn sie von Inschriften reden, die mit Gewissheit hieher gezählt werden können.

In unserer Zeit, wo man mit so vielem Eifer jede Gattung von Ueberbleibseln des Alterthums zu sammeln und zu deuten sich bemüht, konnte es nicht ausbleiben, dass man die Aufmerksamkeit auch diesen Inschriften zuwendete. Es hatte gewiss einen grossen Reiz, Monumente zu verstehen, die unter den Augen von Königen errichtet seyn konnten, deren Namen an Salamis und Marathon erinnern, und die durch Aeschylus und Herodot in der Poesie und Geschichte für immer heimisch geworden sind, nicht zu reden von denjenigen Inschriften, die der halb fabelhaften Geschichte der Assyrer und Meder angehören moch-

---

[*] IV. 87.

ten, wie die von Ecbatana und dem See Wan. Abgesehen von dem möglichen Inhalt konnte man gewiss seyn, dass die gelungene Entzifferung uns mit Sprachen bekannt machen würde, von denen uns sonst nichts überliefert worden ist. Denn man war bald dahin gekommen, mehrere Gattungen dieser Schrift zu unterscheiden.

Es ist nicht die Absicht, hier die Geschichte dieser Bemühungen zu erzählen; hier genügt es zu sagen, dass von der einfachsten Gattung Hr. Grotefend ein Alphabet aufgestellt hat, nachdem es ihm gelungen war, die Namen Xerxes und Darius in den Inschriften von Persepolis zu entdecken. Diese Entdeckung ist gewiss eine der schönsten, die auf dem Gebiete der Paläographie gemacht werden können und wird ihrem Urheber einen bleibenden Namen unter denen sichern, die durch Scharfsinn und eine glückliche Gabe der Divination die Gränzen der alt-asiatischen Philologie erweitert haben.

Es war viel zu wissen, dass wir, wenigstens in der einfacheren Schriftart, ein Alphabet vor uns hatten, und eine so sichere Grundlage der weitern Entzifferung zu besitzen, als historisch bekannte Namen. Xerxes, Darius, Hystaspes sind sicher mit diesem Alphabete erkannt; wir lesen damit ein Wort, welches König, ein anderes, welches Länder bedeuten muss; die grammatische Form aber, die beiden gegeben wird, erscheint jedem Kenner des Zends und Sanskrits befremdlich.

Dieses ist nun aber auch alles, was, mit jenem Alphabete gelesen, an bekannte und verständliche Worte erinnert. Wollen wir es weiter anwenden, so erhalten wir unbekannte Wörter, verdächtig erscheinende grammatische Formen, ja oft Sylben, die geradezu unaussprechbar sind, wenn nicht Fehler der Abschrift angenommen werden; ein bedenkliches Mittel bei der augenscheinlichen gewissenhaften Treue Niebuhr's, zumal wenn seine Abschriften mit denen eines spätern Reisenden, Sir Robert Ker Porter's, genau übereinstimmen.

Ich frage jeden, der die Probe angestellt hat und die Kenntnisse besass, sie gehörig anstellen zu können, ob in den eben ausgesprochenen Behauptungen die geringste Uebertreibung ist.

Ist jenes Alphabet demnach richtig, so hat die Entzifferung uns bis jetzt keinen grossen Aufschluss über das Einzelne des Inhalts von jenen Inschriften gebracht, und die Sprache muss noch gefunden werden, die uns das Verständniss öffnet.

Eine wiederholte Untersuchung hat mich überzeugt, dass das bisherige Alphabet nur halb richtig ist, dass die Inschriften uns die Mittel darbieten, ein richtigeres zu finden, und dass, damit gelesen, der Inhalt sich aus der Kenntniss des Zends und Sanskrits grösstentheils von selbst ergiebt.

Dieses darzuthun ist der Zweck der folgenden Abhandlung.

Sie bezweckt nicht, die verschiedenen Denkmale der Keilschrift, die Fundorte der Inschriften aufzuzählen oder die Unterschiede ihrer Gattungen nachzuweisen; sie will blos die Entzifferung der einfachsten Gattung vervollständigen und den Inhalt der Inschriften darlegen; nicht den ganzen Gegenstand erschöpfen, sondern das enger gezogene Gebiet genauer und methodischer durchforschen. Ich hoffe dadurch zugleich eine tüchtigere Grundlage für die Entwirrung der übrigen verschlungenern Schriftsysteme zu gewinnen.

Was über die Keilschrift im Allgemeinen bis jetzt sicheres oder wahrscheinliches ausgemittelt worden ist, verdanken wir in der That hauptsächlich Hrn. Grotefend. Seine unten angeführte Abhandlung überhebt mich der Mühe, eine allgemeine Einleitung über die ganze Frage voranzuschicken und weist zugleich auf andere, theils eigene, theils fremde Behandlungen des Gegenstandes hin. *)

---

*) Ueber die Erklärung der Keilschriften und besonders der Inschriften von Persepolis, eine Beilage zu Heeren's Ideen. Ich benutze die Ausgabe Gött. 1824, Ideen 1ster Thl. 2te Abthlg. Histor. Werke 11ter Thl. S. 325.

Nachricht von später entdeckten noch nicht copirten Inschriften findet sich in den Reisen Sir Robert Ker Porter's in Persien. Thl. I. S. 524. 570. 655. 679. Thl. II. S. 120. 157. 414. Die Reise unseres unglücklichen Landsmannes, Professor Schulz aus Giessen, wird deren bald viele neue hinzufügen.

Um der folgenden Untersuchung die ihr nöthige Freiheit zu sichern, muss ich zuerst die Basis prüfen, auf welcher Hr. Grotefend sein Alphabet errichtet hat. Wären seine Fundamente unerschütterlich, so hätten wir keine andere Aufgabe, als die mit diesem Alphabete gelesenen Inschriften nach Möglichkeit zu erklären. Sind sie es aber nicht, müssen wir uns zuerst nach Mitteln umsehen, um ein berichtigtes Alphabet an die Stelle setzen zu können.

Ich hoffe, diese Kritik ist auf eine Weise abgefasst, dass die Verdienste eines geschätzten Vorgängers keineswegs verkleinert worden sind. Ich will sein Fortsetzer, nicht sein Gegner seyn.

Ich unterscheide zuerst zwischen dem, welches in dem frühern Alphabete sicher ist, und dem, welches ich glaube verwerfen oder wenigstens vorläufig bezweifeln zu müssen; welches auf nichts gestützt ist, als eine Meinung, die einer andern gegenüber sich nur durch Gründe und Beweise behaupten lässt.

Da nicht mehr bezweifelt wird, dass die Königsnamen richtig gelesen worden sind, so folgt von selbst, dass der Werth der in ihnen enthaltenen Buchstaben im Ganzen richtig bestimmt ist; ich sage, im Ganzen, um der spätern Untersuchung das Recht einer schärfern Fassung der Bestimmungen nicht abzuschneiden. Das Bedürfniss der schärfern Bestimmung entsteht aber erst mit der fortschreitenden Entzifferung und ob z. B. Darius mit einem d oder d' (dh) geschrieben ist, ist eine Frage, worüber wir eine andere Ansicht, als unser Vorgänger haben können, ohne dass sein Verdienst, den Buchstaben zuerst richtig bestimmt zu haben, dadurch bezweifelt wird. Ich hoffe in der That zeigen zu können, dass beinahe nur in solchen schärfern Umschreibungen der Laute bei jenem Namen gefehlt worden ist.

Was ich für angreifbar, für theils irrig, theils nicht hinlänglich begründet halte, sind die Bestimmungen der übrigen Buchstaben.

Auf welche Weise Hr. Grotefend verfuhr, um diesen Buchstaben ihre Geltung zu finden, hat er nicht im Einzelnen dargelegt. Ich finde nur eine allgemeine Bemerkung darüber; wir wollen sehen, ob uns diese genügen kann.

Hr. Grotefend sagt a. a. O. S. 352: „Von der Art, wie ich nach und nach die Bedeutung aller übrigen Charaktere herauszubringen versuchte, brauche ich nichts zu sagen, indem es aus dem Bisherigen genug erhellt, dass ich in allem vernunftmässig und ohne Willkühr zu Werke ging, und dass meine Entzifferung nicht den Vorwurf eines blinden Zufalls verdient, welchen mir einige Anhänger meiner Gegner haben aufbürden wollen."

Bei den Königsnamen hatte er eine Richtschnur an der bekannten Form der Namen selbst; hier galt es nur, die Form des Namens zu finden, in die sich die Charaktere fügten. Ich habe schon gesagt, dass ich hier wenig zu erinnern habe. Hatte er aber bei den übrigen Wörtern eine solche Richtschnur? Nein! er wusste nicht was herausgelesen werden sollte, kannte nicht im voraus die Wörter, auf welche die Zeichen passen sollten. Worin kann denn das vernunftmässige Verfahren bestanden haben? Doch wohl nur darin, dass er suchte das Unbekannte durch das schon Bekannte zu finden, dass er Wörter aufsuchte, in welchen die bekannten Buchstaben neben den noch unbekannten auf solche Weise gemischt vorkamen, dass sich diese durch jene bestimmen liessen.

Ich bestreite nun ganz und gar nicht, dass Hr. Grotefend sich auf diese Weise bemüht hat, vernunftgemäss zu verfahren; aber ich läugne, dass die Mittel, deren er sich bedienen konnte, um so zu verfahren, der Art waren, dass er dadurch zu sichern Ergebnissen gelangen konnte.

Ich kann mir nur drei Wege denken, die er einschlagen konnte, um mit Hülfe der schon bekannten Buchstaben die Geltung der noch unbestimmten Zeichen zu finden. Ich werde jedes dieser drei Hülfsmittel prüfen.

Erstens die **Figur** der Buchstaben.

Wären die drei Grundzüge der Keilschrift, der Winkelhaken, der senkrechte und der Quer-Keil immer so angewendet, dass bei der Bildung der Buchstaben aus ihnen, jedem Elemente eine identische oder ähnliche Bedeutung verbliebe, so wäre die Möglichkeit vorhanden, aus der blossen Form der Buchstaben ihre Geltung zu errathen. Zum Beispiel. Der Winkelhaken bedeute einen Hauch, dann wären alle adspirirten Buchstaben aus dem Vorhandenseyn des Winkelhakens in ihnen erkennbar; oder der senkrechte Strich bedeute einen Zischlaut. Aber schon die beiden im Namen des Hystaspes vorkommenden Zischlaute (s′ und ç) beweisen, dass dieses Princip entweder gar nicht oder wenigstens nicht so wahrnehmbar in der Keilschrift ist, dass dadurch die Geltung der Zeichen aus ihrer Figur zu folgern ist.

Oder das Keil-Alphabet besässe eine solche Aehnlichkeit mit einem andern bekannten, dass die Vergleichung beider uns die gewünschte Aufklärung gäbe. Das einzige, an welches man hiebei denken könnte, wäre das Zend-Alphabet. Aber der flüchtigste Anblick belehrt, dass eine solche Aehnlichkeit beider in der Form der Buchstaben gar nicht vorkommt; es lässt sich höchstens das â der Keilschrift mit dem dreistrichigen â des Zends zusammenhalten. Ich rede nur von äusserer Aehnlichkeit, die erst gefunden seyn muss, ehe von der innern, der Anzahl und den Unterscheidungen der Laute die Rede seyn kann. Als Entzifferungs-Mittel ist das Zend-Alphabet nicht brauchbar.

Ich komme auf das zweite, die Sprache.

Wäre die Sprache, worin die Inschriften geschrieben sind, oder eine nahe verwandte bekannt gewesen, so wäre mit Hülfe von vierzehn entzifferten Buchstaben (so viele enthalten die Königs-Namen) ohne Zweifel der Rest zu entdecken gewesen. Es wird jeder Sprachforscher eine solche

Wette eingehen, vorausgesetzt, dass die Inschriften genau und fehlerfrei copirt, die Buchstaben unterscheidbar geschrieben seyen. Aber die Sprache muss ihm geläufig seyn, und hier war sie ganz unbekannt.

Nun stand aber diese einfachste Gattung von Keilschrift immer über den beiden andern; Darius und Xerxes werden nur die Sprache ihres Volkes über die andern ihrer grossen Monarchie gestellt haben; man nahm also an, dieses sey Altpersisch. Gewiss mit Recht. Dieses ist aber ganz unbekannt, und wir besitzen darin eben nur diese Inschriften. Das Neu-Persische zu Hülfe nehmen zu wollen, wird jetzt keinem gründlichen Sprachforscher einfallen, ich wüsste nur einen, dem ich eine solche Verkehrtheit zutraue, und gewiss ist dieses nicht Hr. Grotefend. Er nahm seine Zuflucht zum Zend und gewiss auch dieses mit Recht. Da dieses nun im östlichen Persien zu Hause gewesen seyn muss (dieses liesse sich aus dem geographischen Capitel des Vendidad *) schliessen; es ist jetzt nach Burnouf's schönen Untersuchungen **) nicht mehr zweifelhaft) so wäre eine Sprache gefunden, die in aller Wahrscheinlichkeit die unbekannte Altpersische ersetzen könnte.

Ich werde mich eben dieses Hülfsmittels nicht sowohl zur Entzifferung des Alphabets, als zur

---

*) Fargard. I.
**) Yaçna. Not. p. XCIII.

Erklärung der Wörter bedienen. Hr. Grotefend hat nun dasselbe gethan; wie kann ich denn seine Resultate bestreiten?

Weil ich behaupte, dass erstens die Art, wie ihm das Zend bekannt war, zweitens die Art, wie er dessen Verhältniss zum Altpersischen auffasste, ihn irre leiten musste.

Ich fange mit dem zweiten an. Hr. Grotefend nimmt Identität, nicht dialektische Verwandtschaft des Zends und Altpersischen an. „Mir genügt," sagt er S. 354, „unbezweifelbar gezeigt zu haben, dass Zend die Sprache der Inschriften von der ersten Gattung sey." Wenn er in dem Worte, welches er *dahutschdo* liesst und mit „der Länder" übersetzt, diesen unbezweifelbaren Beweis findet, so ist er genügsamer, als billig ist. Die Zendform ist *dañghunám* oder *daqyunám*. Dieses Wort bildet aber seinen besten Beweis für den Satz und ich will mich nicht des leichten Vortheils bedienen, mit seinem Alphabete andere Wörter zu lesen, die eher alles andere als Zend seyn können. Hätte er gesagt, diese Sprache sey ein Dialect des Zends, so wäre ein wahrscheinlicher Beweis in dem Worte, obwohl diese Endung des Genitiv Pluralis nichts analoges hat in dem ganzen Gebiete der Sprachen, die zur Familie des Zends gehören.

Es könnte scheinen, als ob diese Unterscheidung zwischen Identität und Verwandtschaft eine leere Wortklauberei sey, dasselbe Wort wird aber zeigen, dass dem nicht so sey. Lesen wir dafür *dahunám*, so haben wir eine Form, die sich sogleich als ächt darstellt, aber zugleich als dialektisch vom Zend unterschieden. Die Endung hat ein langes â vor m, wie das Sanskrit, nicht das nasalirende ā͂ des Zends. Das Thema des Wortes hat ebenso eine dialektische Abweichung vom Zend, es fehlt das diesem eigenthümliche ñg vor *h*, welches dem Indischen *s* entspricht. Wir würden aber durch die Annahme der Identität verführt werden, für das *h* ein *qy* oder ñgh in dem Worte zu suchen, um eine Gleichheit der Form herauszukünsteln, die weder vorhanden, noch erforderlich ist, wenn wir das Verhältniss richtig ansehen.

Es giebt ohnehin ein ausdrückliches Zeugniss der Geschichte über das Verhältniss der alten Sprachen Persiens zu einander. Strabo sagt XV. p. 724. (Ariana §. 8. ed. Tzsch.): „Ἐπεκτείνεται δὲ τοὔνομα τῆς Ἀριανῆς μέχρι μέρους τινὸς καὶ Περσῶν, καὶ Μήδων, καὶ ἔτι τῶν πρὸς ἄρκτον Βακτρίων, καὶ Σογδιανῶν· εἰσὶ γάρ πως καὶ ὁμόγλωττοι παρὰ μικρόν." Diese Nachricht ist ohne Zweifel aus einem Geschichtschreiber der Macedonischen Zeit und gilt unbedenklich für die Periode der Achämeniden, so gut wie die ähnliche von der Karmanischen Sprache aus Nearch; p. 727. §. 14. Νέαρχος δὲ τὰ πλεῖστα ἔθη καὶ τὴν διάλεκτον τῶν Καρμανιτῶν Περσικά τε καὶ Μηδικὰ εἴρηκε.

Es steht also durch ein ausdrückliches Zeugniss fest, dass in den Gegenden, denen wir zunächst den Namen Iran beilegen können, ehemals zwei nahe verwandte, jedoch dialektisch verschiedene Hauptsprachen herrschten die Medisch-Persische, wozu die der Karmaniten gehörte, und die Sogdisch-Baktrische. In der letzten müssen wir das Zend, in der ersten die Sprache unserer Inschriften suchen.

Das Zend hat unter andern Eigenthümlichkeiten besonders die der Epenthese der kurzen Vocale *i* und *u*, vorzüglich des *i*. Ist dieses aber auch für das Altpersische anzunehmen? Aus der Voraussetzung der Identität würde dieses folgen; allein das Gesetz dieser Epenthese wäre auch mit einem falschen Alphabete in unsern Inschriften zu entdecken und es zeigt sich keine Spur davon. Weil man aber den Vocal-Reichthum des Zends wiederfinden zu müssen glaubte, hatte man mehr als Einen Keil-Consonanten in einen Vocal verwandelt. Daher nannte ich die vorausgesetzte Identität des Zends und Altpersischen irre leitend. Man lasse im Zend die Epenthesen weg und sage *pati* für *paiti*, *uti* für *uiti*, *háti* für *háiti* (sʻihâtisʻ steht oft in den Inschriften), und es ist nicht vocalreicher, als manche andere Sprache.

Der andere Grund, warum das Zend ein trügerischer Leitstern seyn musste, ist dieser. Es war damals auf eine Weise mitgetheilt, die irre führen musste. Viele Buchstaben waren von Anquetil falsch bestimmt und verwechselt, die Formen sehr mangelhaft und irrig angegeben. Nach Burnouf's und Bopp's Arbeiten ist dieses eine Thatsache, die keiner Erörterung bedarf.

Hr. Grotefend hätte nie eine Form, wie *dahu-tscháo*, aufgestellt, hätte er das Zend gekannt, wie wir es jetzt kennen. Es trifft ihn aber deswegen kein Vorwurf, er konnte nur benutzen, was ihm zugänglich war.

Es geht aber zugleich hervor, dass das zweite Hülfsmittel, das ihm zu Gebote stand, keinesweges, bei allem vernunftmässigen Verfahren, vor Irrthum sicherte, dass es ihn im Gegentheil theilweise irre führen musste. Es war ein brauchbares Werkzeug, welches aber theils im Unstande war, theils falsch von ihm gehandhabt wurde.

Da er nun den dritten Weg, den ich sogleich angeben werde, gar nicht einschlug, so haben wir dargethan, dass seine Bestimmungen eines grossen Theils der Keil-Buchstaben auf keiner sehr sicheren Basis ruhen; ich will ihm kein unvernunftmässiges oder willkührliches Verfahren aufbürden, aber ich drehe seinen Satz um und sage, dass es ein blinder Zufall gewesen, wenn er alles richtig getroffen hätte.

Wir werden uns also erlauben, von seinem Alphabete nur das für richtig zu halten, wofür wir Gründe der Bestätigung anführen können und unbedenklich davon abweichen, wenn wir uns dazu berechtigt fühlen, indem wir weniger trügerische Hülfsmittel anwenden. Der Machtspruch, dass nichts willkührlich angenommen sey, darf uns nicht hindern, die Untersuchung von neuem anzustellen.

Man wird mir zugeben, dass Eigennamen, die

uns ebenso bekannt sind, wie die des Darius und Xerxes, ein vortreffliches Mittel der weiteren Entzifferung darbieten würden, wenn es gelänge, solche in diesen Inschriften zu entdecken. Es ist dieses das dritte der Hülfsmittel, die ich oben aufzählte.

Herodot*) giebt an, dass Darius auf die Säulen, die er am Bosporus zum Andenken an seinen Scythischen Feldzug errichten liess, in Griechischer und Assyrischer Schrift die Namen der ihn begleitenden Völker hatte eingraben lassen. Da wir nun Darstellungen tribut-bringender Völker an den Pallästen, woher die Inschriften kommen, erkennen, so lag es nahe, ein solches Völkerverzeichniss hier zu suchen. Ich suchte also mit Hülfe der sicher entzifferten Buchstaben des Grotefend'schen Alphabets die grössern Inschriften durch und entdeckte bald ein solches in der Niebuhr'schen Inschrift I.

Aus der Untersuchung dieser Namen ergab sich bald die Geltung beinahe aller noch unbekannten Zeichen. Man wird sehen, dass die Ordnung, worin die Völker aufgezählt sind, so genau mit ihrer geographischen Lage übereinstimmt, dass ihre Namen so gut den aus Herodot und dem Zendavesta bekannten entsprechen, endlich, dass die Wörter, die wir mit dem so gewonnenen Alphabet lesen, in ihrer Form eine zwar eigenthümliche aber aus dem Zend so leicht zu begrei-

---

*) IV. 87.

fende Grammatik zeigen, dass wir es wagen dürfen, unserm berichtigten Alphabete eine mehr als vorübergehende Dauer zu versprechen.

Ich lege das Ergebniss dieser Untersuchungen hiermit der gelehrten Welt vor und muss es abwarten, ob mein Entzifferungs-Versuch die Probe der Kritik wird bestehen können.

Man wird finden, dass die Aenderungen, die ich in dem frühern Alphabet mache, theils den Werth der einzelnen Charaktere betreffen, theils das Wesen der Schrift selbst. Die letztere ist natürlich die wichtigere und greift so sehr in das Wesen des Alphabets ein, dass dadurch ein ganz anderes System des Lesens aufgestellt wird. Ich glaube nämlich erwiesen zu haben, dass der Vocal *a* nur initial, in der Mitte nur vor *h* und vor andern Vocalen ausdrücklich durch ein Schriftzeichen geschrieben, allen Consonanten dagegen inhärirt, wenn er nicht durch ein anderes Vocalzeichen ausgeschlossen wird. Also ein System, welches grosse Aehnlickeit mit dem der Indischen Alphabete hat. Wie ich zu dieser Induction gelange, kann ich erst später zeigen. Hier nur vorläufig so viel, dass Wörter, wie *çprd* (I. Z. 12.), auch nach dem Grotefend'schen Alphabete nur Consonanten enthalten. Er wird also in solchen Fällen entweder mein System zugeben müssen, oder Fehler annehmen: eine Annahme, die kaum zulässig ist, da zwei unabhängige Copisten, Niebuhr und Porter, dasselbe geben und zwar nicht in jenem Worte allein, sondern in einer

Menge. Die Fehler müssten also den ursprünglichen Steinhauern zugeschrieben werden, was noch unzulässiger ist. Es hätte diese Eigenthümlichkeit sich auch ohne Kenntniss des vollständigen Alphabets entdecken lassen können; aber gerade die drei Namen Xerxes, Darius, Hystaspes boten kein deutliches Beispiel des Systems dar, weil theils andere Vocale als a in den Sylben waren (u, i, u), theils h und ein anderer Vocal folgte (in visʻtâçpahâ, dârhᵃwausʻ), theils die Aussprache das a nicht unabweisbar fordert (dârhᵃwusʻ und dârhwusʻ). Es ist das Ei des Columbus.

Ich habe bis jetzt keine Erwähnung der Arbeiten des Herrn St. Martin gethan; er hat einiges in dem frühern Alphabete und auch dieses nur Einmal mit Recht geändert, ohne im Wesentlichen weiter zu kommen. Aus seinen Abhandlungen besitzen wir nur Auszüge *); ihr vollständiger Abdruck steht in der Gesammtausgabe seiner Werke zu erwarten. Sein Alphabet hat unser verstorbener Landsmann *Klaproth* berichtigt herausgegeben und zwar nach seiner Weise mit nicht geringer Zuversicht angepriesen **). Hr. St. Martin selbst giebt uns eine grosse Zurüstung von allgemeinen einleitenden Erörterungen und macht nicht undeutlich Ansprüche auf eine tiefere Kenntniss des Zends, als damals vorhanden war. Wenn die

---

*) Im Journ. Asiat. Tom. II.
**) Aperçu de l'origine des diverses écritures de l'ancien monde. Paris 1832. p. 62.

Wörter also wo möglich noch unzendischer werden, als sie vorher waren, hat es nicht dieselbe Entschuldigung. Auch er überhäuft sie mit Vocalen und wirft verschiedene Buchstaben zusammen, als Varianten eines und desselben. Lob verdient, dass er sich bescheidet, einige Zeichen als unentziffert hinzustellen.

Mit grösserer Kenntniss des Zends ausgerüstet musste der eifrige und sinnreiche Sprachforscher Rask leicht entdecken, dass einiges in dem frühern Alphabete nicht richtig sey. Die wenigen Bemerkungen, die er darüber mittheilt, zeugen von richtiger Einsicht in die Sache und hätte er sich ernsthafter, als der Fall gewesen zu seyn scheint, damit beschäftigt, zweifele ich nicht, dass er weit mehr Neuerungen vorgeschlagen hätte. Ihm verdanken wir die Kenntniss zweier wichtigen Buchstaben [*]).

Ueber die Ordnung, die ich befolge, habe ich nur einiges zu bemerken. Um die Gründe, die mir bei der Bestimmung eines Buchstabens von Gewicht schienen, so viel wie möglich beisammen zu haben, und um Wiederhohlungen zu vermeiden, habe ich einzelne Theile der ursprünglichen Untersuchung umgestellt. Eine ganz systematische Anordnung hätte einige Vorzüge gehabt, würde aber der Abhandlung ihren **genetischen** Charakter genommen haben; ich wünschte, dass der Leser mit mir Schritt vor Schritt von dem

---

*) Journ. Asiat. Tom. II. p. 152.

Bekannten auf die Entdeckung des Unbekannten geleitet werden sollte. Auch habe ich überall gesucht, das Zweifelhafte von dem Sichern zu unterscheiden und meine eigene Unwissenheit nicht verschwiegen, wo ich nicht eine hinreichende Gewährschaft für eine Meinung zu haben glaubte. Auf einem so neuen Gebiete alles mit Einem Wurfe gewinnen zu wollen, ist ein sicheres Zeichen, noch weit vom Ziele zu seyn.

Die Erklärung der Inschriften war eine nothwendige Zugabe; eine Entzifferung erhält doch immer ihre beste Bestätigung, wenn wir durch sie etwas verständliches herauslesen. Auch darf ich sagen, dass ich durch die Sicherheit, womit einzelne Inschriften sich erklären liessen, selbst überrascht war. Anderes muss hier noch der Zukunft überlassen bleiben; die fortschreitende Erkenntniss des Zends und neue Inschriften, die hier einzeln vorkommende Wörter in einer aufhellenden Umgebung zeigen, werden dazu beitragen.

Die Inschriften, die ich behandele, sind zuerst die Niebuhr'schen dieser Gattung der Keilschrift; bei ihm A. B. G. H. I. *). Von seinen A. H. I. hat Sir Robert K. Porter ebenfalls Abschriften gegeben, ich führe sie mit denselben Siglen an **).

Die grosse Inschrift bei Le Brun ***) No. 131.

---

*) N. s. Reise 2ter Thl. Kopenh. 1778. Tab. XXIV. XXXI.
**) Travels I. tab. 44 (= A.) tab. 55. a. (= H.) 55. b. (= I.)
***) Voyages par Corneille Le Brun, etc. Amsterdam 1718. fol. Tom. II. p. 272.

ist wichtig und leicht herzustellen mit Hülfe der übrigen. Was er sonst giebt, sind Bruchstücke, die sehr bedauern lassen, dass sie nicht vollständig und gehörig copirt worden sind. Ich bezeichne die grosse mit L. B., die Bruchstücke mit ihren Nummern.

Was Chardin und Kaempfer geben, hat gegenwärtig gar keinen Werth und ich liess beide bei Seite.

Eine neue Inschrift, die von Murghab, hat Porter am besten copirt; ich benutze also seine Abschrift (M.). Die der Pariser Vase (P.), so wie die mangelhaft copirte von Suez bei Denon haben nichts eigenes sonst nicht Bekanntes. Ich habe diese also nur nebenbei berührt. Andere Inschriften dieser Gattung einfacher Keilschrift sind mir nicht zugänglich.

Ich habe mich noch über die Art zu erklären, wie ich die verschiedenen Abschriften in Bezug auf ihre Genauigkeit gegen einander schätze. Le Brun lässt so gewöhnlich von zwei oder drei kleinen Querkeilen einen weg, dass dadurch eine beständige Verwechselung verschiedener Buchstaben entsteht, die flüchtigste Vergleichung identischer Reihen von Zeichen bei ihm und Niebuhr oder Porter zeigt dieses; auch lässt er manchmal von einem Winkelhaken die Hälfte weg, so dass daraus ein schräger Keil wird; und ähnliche Fehler. Er war also zur Begründung des Alphabets gar nicht zu brauchen, ja er scheint Hrn. Grotefend misstrauischer gegen Niebuhr gemacht zu haben, als recht und billig ist. Denn dieser ist zum Bewundern genau und sorgfältig. Er belehrt uns ausdrücklich (II. 154.), dass die Buchstaben sehr genau von einander unterschieden sind und beobachtet dieses stets in seinen Abschriften, während, wie er mit vollem Recht bemerkt, seine Vorgänger dieses vernachlässigten. Er hat dadurch die Untersuchung sehr erleichtert. Kleine Verwechselungen der Striche sind höchst selten bei ihm wahrzunehmen und unser Alphabet wird ihn so ziemlich von den sphalmata freisprechen, die man ihm hat aufbürden wollen. Er muss noch besonders gelobt werden, weil er genau die Lücken nebst den in ihnen noch sichtbaren Zügen angegeben hat. Mehr als einmal ist es dadurch möglich, das halberloschene Zeichen herzustellen. Ich betrachte ihn demnach als meinen Hauptgewährsmann, von dem ich nicht ohne dringende Gründe abweiche.

Sir Robert übertraf den Niebuhr bedeutend als Zeichner; auch als Abschreiber bemühte er sich treu zu sein und im Ganzen ist es ihm auch gelungen. Doch hat das Gewirre der Keile und die schimmernde Glätte des Marmors ihm mehr als dem Niebuhr die Augen geblendet. Es ist ein Glück, dass er uns gerade die drei grössern Inschriften Niebuhrs aufs neue gegeben hat; was wir an neuem Stoffe verlieren, gewinnen wir an der Authenticität der Abschriften. Es sind ohne Zweifel die identischen Originale, die er abschrieb; die Abtheilung der Zeilen, auch die Lücken treffen zusammen; nur sind diese bei Porter grösser und häufiger; die schadhaften Züge waren seit Niebuhrs Zeit noch mehr verwittert. Ich vermisse bei Porter die scharfe Trennung der einzelnen Buchstaben in dem Grade, wie es Niebuhr beobachtet hat, und hie und da ist eine gleichgültige Behandlung der Lücken; er lässt einen schadhaften Buchstaben lieber ganz aus.

Wenn uns ein neuer Niebuhr oder Porter doch die grossen Inschriften von Hamadan, Bisitûn und den Königsgräbern zuführte oder wenigstens die noch nicht copirten von Persepolis. Es wird da gewiss noch ein Verzeichniss der Völker diesseits des Euphrats vorhanden seyn; von einer interessanten Inschrift des Darius giebt uns Le Brun nur eine Zeile.

Ich setze als bekannt voraus, dass diese Schrift von der Linken zur Rechten gelesen wird, und dass der kürzere schräge Keil der Worttheiler ist, dessen Stelle in der Zendschrift der Punct vertritt. Auch muss ich einige Vertrautheit mit den neuesten Untersuchungen über das Zend und dessen Verhältniss zum Sanskrit voraussetzen; solche Untersuchungen hier anzustellen, wäre nur störend gewesen. Von den dahin einschlagenden Werken ist mir meines verehrten Freundes Burnouf Commentar zum Yaçna eine Fundgrube der schätzbarsten Aufklärungen gewesen.

§. 2. Die Namen Xerxes, Darius, Hystaspes.

Dieser Abschnitt ist bestimmt, die in diesen Namen vorkommenden Buchstaben einer neuen Prüfung zu unterwerfen, weil sie die Grundlage bilden, worauf das ganze Gebäude beruht, und es uns daher vor allem wichtig seyn muss, so weit möglich jeden Zweifel an der Richtigkeit ihrer Entzifferung zu entfernen.

Ich werde mit dem Namen des Xerxes anfangen, weil wir dafür eine ebenso unerwartete, als erwünschte und unverdächtige Bestätigung erhalten haben.

In der königlichen Antiken-Sammlung zu Paris befindet sich auf einer alabasternen Vase eine Keil-Inschrift nebst einer entsprechenden hieroglyphischen. Sie ist von Champollion*) gegeben worden und zwar von der Rechten zur Linken geschrieben, ich weiss nicht ob aus Versehen oder nach dem Original. Der Name des Xerxes ist hier ebenso geschrieben, wie in den obersten Inschriften von Persepolis. **) Die Zeichen sind folgende: 〈〈𐎡 𐎠 𐎧 𐏁 𐎠 𐎧 𐏁 𐎠 Die zwei folgenden Worte: 𐏋 𐎠 𐎠 𐎺 𐏃 𐎠 𐎠 𐎠 kehren L. B. 10. wieder und bedeuten, *rex magnus*. Hier gehen sie uns noch nicht an; für das 𐎠 des mittlern Wortes ist 𐎧 herzustellen.

---
*) Précis etc. pl. 7. no. 125, a. Auch in St. Martin's Abhdlg. Journ. As. II. 67. 89.
**) G. 1. A. 6. 17.

Das erste Zeichen hält Grotefend für ch, das zweite für sch; ich schreibe dafür kʿ und sʿ womit ich dieselben Laute meine. Für diese Geltung spricht Folgendes:

Das Wort für König fängt mit denselben beiden Zeichen an und im Zend wie im Sanskrit haben die Wörter, die wir vergleichen müssen, im Anfange ebenfalls einen Gutturalen und Sibilanten; im Zend kʿs in kʿsaêta und kʿsatʿra, König*); im Sanskrit क्ष, d. h. k-sʿ, in चित् (मह्रीचित्) ksʿi, und ksʿatra, Krieger, aus deren Kaste die Könige waren. Auch in der Griechisch-Lateinischen Form Xerxes sind dieselben Elemente enthalten. Dass aber das k ein adspirirtes sey, beruht auf folgenden Gründen. Das Zend, die zunächst verwandte Sprache, hat in dieser Verbindung ein adspirirtes k, nicht wie das Sanskrit ein nicht adspirirtes. Dasselbe Zeichen ist der zweite Buchstabe in dem Worte *Achaemenide,* wo es die Griechen durch χ wiedergeben; endlich finden wir ein anderes Zeichen für das nicht adspirirte k, welches auch am Ende der Wörter steht, wo das Zend ein kʿ nicht zulässt. Dieses kann erst später gezeigt werden. Die entsprechende Hieroglyphe war Champollion sonst nicht vorgekommen.

Nicht so leicht ist die Bestimmung des Sibilanten, weil das Zend nach kʿ sowohl sʿ (d. h. sch) als s setzt, und weil unsere Inschriften das s noch nicht dargeboten haben. Der dritte oder palatale

---

*) Yaçn. p. 370. Vend. ed. Ol. p. 14. 1.

(ç) kommt in der Keilschrift vor und die Wahl bleibt also nur zwischen sʻ und s. Burnouf bemerkt *), dass die ältern Manuscripte sʻ nach kʻ vorziehen, während die neuern zwischen sʻ und s hin und her schwanken. Für das sʻ spricht ferner das Sanskrit und auch die Hieroglyphe ist nach Champollion wahrscheinlich sʻ zu lesen. Gehen wir von zwei andern Gesichts-Puncten aus, lassen sich jedoch Gründe sowohl für s als für sʻ anführen. Erstens von dem Griechischen Stellvertreter dieses Consonanten, der nach dem r wiederkehrt, also durch das ξ vertreten wird; dieses führt auf sʻ, weil die Griechen für das sʻ, was sie nicht hatten, ein gleichsam verstärktes σ, ein ξ, setzen mochten. Dagegen giebt Herodot **) an, dass die Persischen Wörter mit einem s endigten; diese Endung ist nun 𐎰, wie mehrere Beispiele nachher zeigen werden; also nach Herodot's Auffassung ein scharfes deutsches ss, nicht sch. Oder klang ihm das Persische sch (sʻ) gleich σ, weil sein Ohr an den Unterschied von sʻ und s nicht gewöhnt war?

Zweitens 𐎰 findet sich nach u, i, au (= ô) in Endungen, wo das Zend s hat; vor t in den Superlativen, wo auch das Zend s hat; dagegen steht 𐎰 im Innern der Wörter, wo das Zend sʻ hat (thisʻâm I. 3. = taêsʻâm, horum).

---
*) Yaç. p. 371.
**) I. 139. Die Einschränkung, die Herodots Behauptung erleiden muss, scheint mir von Herrn von Schlegel richtig dargelegt worden zu sein. Ind. Bibl. II. 308.

Es geht aus diesen Zusammenstellungen nicht klar hervor, welche Aussprache dem 𒋙 beizulegen sey, ob die des sʿ oder s; sicher und uns wichtiger ist jedoch, dass das Altpersische 𒋙 zum Theil anders gebraucht wird, als das Zendische sʿ und s. Vollständig wird man dieses erst erfahren, wenn wir in der Keilschrift entweder das dritte s entdecken oder auch, dass es nicht darin vorhanden war.

Das fünfte Zeichen ist das dritte im Namen des Darius, also r; so lässt sich auch die Hieroglyphe lesen *). Wir stimmen also auch hier mit Grotefend; wenn aber dieser Gelehrte annimmt, dass 𒀭 nur ein Schreibfehler sey für 𒀭 od. r, so ist dieses gleich ein Beispiel von dem Unheil, welches Le Brun angestiftet hat. Bei ihm ist allerdings beinahe immer das 𒀭 auf 𒀭 herabgesetzt; bei Niebuhr und Porter werden aber beide Buchstaben sehr genau unterschieden.

Das vierte und siebente Zeichen ist dasselbe, Grotefend giebt bald ê, bald â dafür. Wer das Zend und Sanskrit kennt, wird nicht zugeben, dass â als Länge von *a* mit ê als Guna von i verwechselt werde. â ist aber vorzuziehen, weil die Hieroglyphe a bedeutet und weil 𒌋𒌋𒌋 der Vocal des Faeminins ist (i m â m H. 15.) und der Endung des Genitiv Pluralis (psʿunâm. dahunâm I. 4 etc.) Hier hat das Sanskrit â, während das Zend vor dem schliessenden m das â in a͞ verstümmelt, und

---

*) S. Champollion u. St. Martin a. a. O.

schon im Nom. Sing. Faem. oft a für â setzt. Das Altpersische bewahrt hier den Vocal rein. Dass die Griechen dafür ein ε setzen in diesem Namen und in Πέρσαι, wo unsere Inschriften pâraçâ *) haben, wie im Sanskrit पारश, pâraça, ist eine Verstümmelung der Aussprache; im Namen des Darius haben sie es richtig durch α gegeben.

Diese Zeichen geben uns k's'ârs'â für Xerxes und damit könnte der Namen vollständig scheinen; es bleibt vor dem â noch ein Zeichen übrig, nämlich ⟨⟨-.

Dieses ist einer der am häufigsten vorkommenden Buchstaben und wir werden uns um so mehr bemühen, seinen wahren Werth aufzufinden, als er sehr verschiedene Erklärungen erfahren hat. Grotefend setzt in der letzten Ausgabe seines Alphabets dafür h, St. Martin e, beide geben ⟨⟨= als Variante von ⟨⟨-; ein blosser Fehler ist aber gewiss das ⟨⟨, nicht eine Variante von ⟨⟨-. In Beziehung auf das ⟨⟨= bemerke ich, dass allerdings einige Male dieses sich findet, wo gewöhnlich ⟨⟨- steht; so im Namen des Xerxes G. 1. und am Ende des Wortes König M. 1. dass aber in andern Wörtern, H. 19. 24. A. 12. I. 12. 17. das ⟨⟨= ohne die Variante ⟨⟨- vorkommt. Daher ist es wahrscheinlicher ein verschiedener Buchstabe. Im Worte König ist das ⟨⟨- sonst constant am Ende (im Nom. Sing.) und daher bei Porter ein Fehler zu

---

*) I. 8.

vermuthen. Auch im Xerxes hat die Mehrzahl von Stellen ⟨⟨⟩, welches demnach die gewöhnliche Form ist, selbst wenn ⟨⟨⟩ nicht davon verschieden seyn sollte.

St. Martin gründet sich auf die Hieroglyphe, die H d. h. η bedeuten soll. Nach Grotefend soll diese Hieroglyphe der Griechische Spiritus Asper seyn *); dabei nimmt er an, dass dieser Hauch nach gewissen Buchstaben in ein Iod und Wav übergehen könne, weil die Hebräer Ahasverus für Xerxes und Darjavesch für Darius sagten, die Keilschrift aber jedesmal ⟨⟨⟩ habe.

Dass die Hebräer einen leisen oder eigenthümlichen Laut der Altpersischen Sprache auf verschiedene Weise aufgefasst haben, beweist noch nicht, dass das Altpersische Zeichen auch diese verschiedene Aussprachen in sich enthielt. Das Zend, wie das Sanskrit, trennen h, j, v, sehr strenge von einander. Und können die Hebräer nicht eine modificirte Aussprache vor Augen gehabt haben? eine Assyrische oder Babylonische?

Die Griechen, die wohl mehr die **gehörte** als die **geschriebene** Form des Namens berücksichtigten, haben das ⟨⟨⟩ in ihrer Aussprache ohne Spur verwischt; jedoch ist ihnen das Wort zweisylbig; ⟨⟨⟩ als e macht es dreisylbig.

Die Aegyptische Orthographie giebt uns die Wahl zwischen h und e, oder richtiger gesagt, da die Hieroglyphe nur eine beschränkte Aucto-

---

*) S. 352.

rität hat bei der Bestimmung eines feinen Lattes der Altpersischen Sprache, werden wir besser thun, aus der Keilschrift selbst die Bestimmungs-Gründe uns zu hohlen. Dieses wollen wir also versuchen. Erstens. Ein Consonant, also h, ist nothwendig in dem Worte dahu I. 3 etc. welches das Zendwort danṽghu Land bis auf den Nasel nṽg ist. Die Weglassung des Nasels kehrt in andern Wörtern unserer Inschriften wieder. e macht aber ein Unding aus dem Worte: daeu, eine wahre Barbarei. h ist auch nothwendig in drhahâ I. 14. (= Δράγγαι). Auch hier fehlt das nṽg. Das *h* ist ferner sicher in den Genitiven Singul. auf hâ I. 4. H. 6. A. 12. 13. Die Sanskritform ist sya, das Zend bildet daraus hê, od. hyâ od. qyà, d. h. s wird h oder q, ya wird entweder umgestellt ai = ê, oder y bleibt und das a wird verlängert *). Ganz ähnlich sind die Genitive im Mâgadhî auf âha **). Das Altpersische hat offenbar die Form auf hyâ mit Elision des y vorgezogen. Auch hier wäre ein Vocal für]⟨⤏ unzulässig. Andere Fälle übergehe ich jetzt, weil ihre Erörterung zu weit abführen würde.

Zweitens. Diese Geltung, h, ist zulässig, wenn]⟨⤏ nach r steht, es deutet blos die behauchte Aussprache des r an, wenn ein kurzer Vocal darauf folgt. So in dem angeführten: drhahâ; so in

---

*) S. Burnouf, Observations sur la partie de la gramm. compar. de M. Bopp etc. p. 24.

**) Vararuchi XI. pulisâha.

dârhawusʽ. Es ist bekannt, dass im Zend das r von einer Adspiration begleitet ist, die sich auf den vorhergehenden Consonanten überträgt; daher fra für pra, putʽra für putra; bei vorhergehendem Vocal wird dieser Hauch geradezu als h geschrieben: vĕhrka, mahrka. Dieses r ist dem Griechischen ῥ zu vergleichen und äussert nur seine Adspiration rückwärts im Altpersischen, im Zend dagegen vorwärts. Das h ist aber hier kein radicales Element des Wortes, blos eine eigenthümliche Aussprache.

Drittens. Eben diese, Geltung, d. h. als eigenthümlicher die Aussprache begleitender Hauch, hat gewiss auch das)(-, wo es vor und nach â steht. So im Namen des Xerxes; in thâm H. 5. *hanc*, Skt. tâm, Zd. ta͞m; in thâ I. 7. 9. 14. ein Nom. Plur. Faem. od. Masc. und mit dem Zendischen tâ des Neutrums (in den Vedas tâ für tâni) oder eher mit Skt. tâh f. tâs, *illae*, zu vergleichen. Die verschiedenen Fälle ksʽhârsʽâ, thâm, thâ, verglichen mit pârçâ I. 8. gᵃdâr. I. 18. frᵃmâtârᵃm A. 6. lassen mich noch kein Gesetz erkennen, wonach das *h* vor â eintritt.

Viertens. Nun kommen aber Fälle vor, wo)(- wirklich scheint als Vocal und zwar als a gefasst werden zu müssen. thmih A. 19. 25. Das letzte ist zu lesen ha, mit dem inhärirenden a und der Sinn beider Wörter: hunc ibi, Skt. tamiha, Zd. (wenn hier iha neben idʽa für hi̓er vorkommt,) tĕmiha. Ist nun hier)(- der Stellvertreter eines kurzen Vocals, des Indischen a, oder des Zendischen ĕ? oder inhärirt auch hier das a dem t und ist 𒀭 eine dem m innewohnende Adspiration? m kann allerdings im Zend einen vorhergehenden Consonanten, wie in g'ag'musí*), adspiriren. Unsere Keilschriften schreiben aber nicht kᵃrtᵃhm A. 18. obwohl hier die Bedingungen dieselben sind. Ich schreibe dem *m* nicht diese Adspirations-Fähigkeit zu. Ist es denn Vocal? Auch dieses glaube ich nicht; 𒀭 ist orthographisch und bedeutet blos, dass t hier nicht mit dem *m* in Eine Sylbe gezogen werden soll, sondern dass es sein inhärirendes a auch hier hat; dass tamiha und nicht tmiha zu sprechen sey. Es kann uns dieses erst später bei der Behandlung des a vollständig klar werden.

Fünftens. Noch dringender scheint die Annahme eines Vocalwerthes in den Wörtern thisȃm I. 3. thih I. 13. 14. Das erste ist ganz sicher der Gen. Plur. Masc. vom Pronomen ta, Skt. तेषां, tês̀am, d. h. taisȃm, Zd. taês̀am (es steht bei den Genitiven dahunȃm ps̀unȃm, populorum horum bonorum). Hier scheint es in der That für a oder einen ihm verwandten Vocal zu stehen. Da au geschrieben wird (I. 14. H. 10. dȃrhawaus, Darii), da ferner a vor i vorkommt (I. 17. aid'us̀, India), entdecke ich keinen Grund, warum nicht für den Diphthong ai = ê auch medial das 𒀀, a, vor i geschrieben werde. Und doch ist dieser Diphthong hier ohne Zweifel gemeint und 𒀭 scheint für a

---
*) V. S. 91.

zu stehen. Doch gehen wir weiter. Der Zusammenhang ergiebt, dass thih^a für das Sanskritische t a i h a (für t ê i h a = t a i - i h a) steht, h i *ibi*; 𐎠 steht also wieder für a? Hier ist jedoch die Erklärung unter No. 4. zulässig, dass das h gesetzt sey, um die Zusammenziehung der Partikel mit dem vorhergehenden Pronomen in Eine Sylbe zu verhindern; ohne das 𐎠 würde man t i h a lesen. Man darf t h i h nicht durch t â i s (तैः, tâis = tâih, illis) erklären, weil 𐎠 dann für â stehen müsste und weil das finale s im Altpersischen 𐏃 wird nach allen Vocalen ausser â, wonach es abfällt, und a, wonach es h wird.

Fassen wir nun diese Resultate zusammen, so ist 1) 𐎠 ein h, d. h. ein gutturaler Hauch, der dem Zendischen h entspricht und in einem geographischen Namen unbezweifelbar als solcher vorkommt. 2) Als gutturaler Hauch lässt es sich eben so fassen, wenn es nach r, und vor und nach â steht. 3) Als orthographisches Zeichen, um das Vorhandenseyn eines a anzudeuten, lässt es sich in den unter No. 4 und 5 angeführten Fällen auffassen, mit Ausnahme von thisâm, wo ich diese blos orthographische Bedeutung mir nicht verdeutlichen kann. Da wir nachher den umgekehrten Fall finden werden, dass a für h eintritt, so wäre ich eher geneigt, in diesem Falle, wie in t h i h^a, in t h m i h^a, eine besondere Aussprache des Vocals *a* anzunehmen, der wie ein Hauch aufgefasst und bezeichnet werden konnte. Ich werde später auf diesen besondern Fall zurückkommen.

Doch hier handelt es sich zunächst um den Laut und dafür können wir mit Grotefend unbedenklich h setzen. Ich lese also kʼsʽhârsʽâ; dies ist der Nominativ dieses Namens. Ehe wir die Ableitung des Wortes aufzusuchen unternehmen, wollen wir vorerst auf die Hebräische Form einen Blick werfen. Dass unter Ahasverus Xerxes zu verstehen sey, bleibt immer die wahrscheinlichste Meinung und sie wird sich noch mehr bestätigen, wenn wir die Altpersische Form damit vergleichen. Gesenius bemerkt sehr richtig [*]), dass das א prosthetisch sey; die übrigen Buchstaben entsprechen dann sehr gut den Keilbuchstaben. Iene Prosthese ist nichts anderes, als wenn esprit aus spiritus gemacht wird oder im Neupersischen استان aus ç tâ. Für das kʽ steht ח. Für das sʽ beide Male ש, ר für r. Für das lange â in der zweiten Sylbe י; die Umstellung muss sich auf eine Aussprache kʼsʽhârâsʽ gründen. Auch für das erste â steht ו, aber als ve (bei den LXX. ουη) punctirt; dieses ist ohne Zweifel aus der in 𒃻 liegenden Adspiration herzuleiten. Wir haben aber schwerlich unmittelbar die Altpersische Aussprache in der Hebräischen, sondern die Babylonische oder Assyrische, die auch die Umstellung kʼsʽhârâs = (a)-h (a) sʽverosʽ erklären wird. Es gehört dieses aber in die Entzifferung der andern Gattungen der Keilschrift. Eben daher erkläre ich

---

[*]) Thesaur. s. v.

auch die breitere Aussprache o für â in der zweiten Sylbe und die Umgestaltung von hâ in der ersten in vê. Es kann für die Geltung der Altpersischen Buchstaben daraus kein Schluss gezogen werden. Für v hat die Keilschrift, wie das Zend, zwei Zeichen, v und w, und ⱶ⳽ lässt sich in keinem einzigen Worte wie v lesen.

Ein Nominativ auf â führt auf ein Thema auf a n; da wir aber im Accus. kein n finden werden (A. 2. L. B. 4.), so muss es ein Thema auf â seyn, wie im Skt. sômapâ, im Zd. âhuramazdâ. Herodot erklärt den Namen*) durch ἀρήϊος, nicht ἐρξείης, wie einige unserer Lexica angeben.

Die Erklärung Herodots erinnert uns daran, dass der Anfang des Namens Xerxes und der der Benennung der Kriegerkaste kʿsʿatʿra derselbe ist. Dieses zeigt, dass Herodot nicht falsch berichtet worden und wir in beiden Wörtern dieselbe Wurzel annehmen dürfen. Es reicht dieses aber nicht hin, die Form des Namens zu erklären. Das h hat nach dem obigen keine etymologische Geltung; in kʿsʿhârsʿâ ist aber schwer zu entscheiden, ob kʿsʿhâr zur Wurzel, sʿâ zur Ableitung gehört, oder ob kʿsʿhârsʿ-â zu theilen. Ich kenne

---

*) VI. 98. Warum die Herodotische Stelle in einigen Ausgaben eingeklammert wird, als verdächtig, habe ich nicht entdecken können. Die Handschriften haben sie. Herodot, der sich um die Endungen Persischer Wörter bekümmerte, wird sich auch wohl nach der Bedeutung erkundigt haben.

im Zend weder â, noch sâ als Ableitungs-Affix, noch ist mir im Zend eine Wurzel k's'e rẽs (wie t'wẽrẽs *)) oder k's'ar bekannt; तक्ष्, ks'ar, ist jedoch eine Indische Wurzel, die Bedeutung aber **tropfen**.

Das Zend hat zwei Verbal-Wurzeln, die hieher gezogen werden können; zuerst k's'i (Skt. क्षि, ks'i, herrschen), woher k's'aẽta, König; es ist aber in k's'hârs'â keine Spur eines i. Eine andere obwohl verwandte Wurzel liegt in k's'a t'ra, König, wie in dem Indischen क्षत्र, ks'atra, Krieger, wird aber nicht in den Verzeichnissen aufgeführt, sie kann nicht ks'a seyn, auch nicht तक्ष्, ks'ad, wie die Grammatiker angeben, weil das Wort dann im Zend k's'astra seyn müsste. Sie wird daher wohl ks'â oder ks'an' seyn und das â verkürzt oder das n vor dem Affix abgeworfen seyn. Das Altpersische Wort für König zeigt die Wurzel k's'âh, und führt also auf क्षा für's Skt.; k's'â für's Zend. Eine Abkürzung erleidet auch die Zendwurzel k'si, wie die Vergleichung der Stellen Vend. ed. Ols. p. 10. l. 1. und p. 12. l. 7 zeigen: aiwyâ-k's'ayañti, sie walten, herrschen und aiwyâ-k'sta, Herrscher. Das ta gehört zur Bildung des Wortes, wie in dem vorhergehenden harẽtâ und von der Wurzel ist nichts übrig als k's'.

Auch im Namen des Xerxes scheint der Anfang k's' allein der Wurzel zu gehören; das fol-

---

*) Yaç. Not. XLVII.

gende ist aber eher ein angefügtes selbständiges Wort, als ein Affix ârsʿâ.

Im Zend findet man Namen, deren zweiter Bestandtheil arsan, Auge ist *), çyâvarsan, blauäugig; byarsan, zweiäugig. Man könnte daraus den Sinn Herrscher - Auge ableiten. Dieser Ableitung widerstrebt aber das n.

Wahrscheinlicher erscheint mir Folgendes: Es findet sich im Zend **) ein Wort ĕrĕsʿ = arsʿ, in der Bedeutung: wahr, rein, fromm. V. S. ed. Burn. p. 85. arsvakʾô. arsmanô. arsskyaotʿna. reines Wort, reine Gesinnung, reine That. Burnouf hat damit schon das Indische rʾisʾi (Adj. ârsʾa), frommer, heiliger Mann verglichen. Nehmen wir dieses Wort im zweiten Theile des Namens Xerxes an, so haben wir eine Zusammensetzung, deren Sinn auf überraschende Weise mit dem Indischen râgʾarsʾi, Heiliger, Weiser unter den Königen, übereinstimmt. Es ist dieses ein Titel, welcher den frommen Königen der Urwelt beigelegt wird, denen, welche die Indische Bedeutung des Wortes kavi, priesterlicher Sänger, mit der Zendischen König ***), vereinigten.

Es bliebe noch übrig, sowohl die Art der Zusammensetzung als die grammatische Form zu

---

*) B. Yaçn. p. 437.
**) B. Y. Not. CXXIII.
***) Man sehe die schönen Untersuchungen Burnoufs. Y. p. 427. 450.

rechtfertigen. Doch hierüber bescheide ich mich gern zu sagen, dass ich meine eigenen Einwendungen noch nicht heben kann. Das zweite Wort ist aber jedenfalls auch enthalten in dem Namen Arses und dessen Ableitungen Arsites, Arsaces, Arsanes, das letzte scheint das Zendische arsâna oder ars'âna zu seyn. Vend. ed. Ols. p. 38. 2. infr.

Darius, 𒀭 𒅎 𒂠 𒃻 𒂍 𒁹 𒃲 𒀸 *).

Zur Lesung dieses Namens sind wir schon mit der Kenntniss der Buchstaben â, r, h, s', ausgerüstet. Das erste ist gewiss mit Grotefend für ein d zu halten und zwar das nicht adspirirte, weil es auch in dahu, Land, steht, im Zend dan͠ghu, Skt. dasyu, und weil das Zend im Anfange der Wörter auch ein ursprüngliches d' in d verwandelt. Es bleiben somit nur die beiden vorletzten Buchstaben.

Das vorletzte Zeichen 𒃲 giebt Grotefend mit û, ich bestreite nur die Länge des Vocals, weil Darius die Declination der Skt. und Zd. Wörter auf kurzes u befolgt, und setze dafür u. An dem Laute selbst kann kein Zweifel obwalten, da wir dasselbe Zeichen in den Namen Assyriens und Sogdianas (Zd. çug'dî) wiederfinden werden.

Das vorhergehende ist nach Grotefend e, nach St. Martin i, nach Rask y **). Alle hatten da-

---

*) B. 1. H. u. J. passim.
**) A. a. O. p. 149.

bei entweder das Griechische Δαρεῖος oder das Hebräische Darjavesch vor Augen. Ich hätte eigentlich blos das Hebräische sagen sollen, denn wir wissen aus Strabo *), dass die Griechen den Namen umgeändert hatten, was er aber als das Persische angiebt, ist unsicher; denn Δαριαούην und Δαριαύην sind Conjecturen des Casaubonus und Salmasius nach dem Hebräischen; die Lesart der Handschriften: Δαρυήκην offenbar falsch. Da ich aus den Inschriften selbst glaube den Werth des ►〒 bestimmen zu können, will ich mich auf die Erörterung der frühern abweichenden Meinungen nicht einlassen.

In dem Worte, welches B. fin. und. A. 3. auf nus' im Nominativ ausgeht (≥ ⟨ ⟨ῆ ≷ ⟨), findet sich im Accus. A. 22 statt des u unser Zeichen: ≥ ⟨ ►〒 ►ỹ ⟨ Das letzte ist m, ich kann dieses, wie das n, erst später rechtfertigen. Da nun ein Wort, dessen Thema auf u endigt, dieses u im Accus. nicht, weder im Zd. noch im Skt., verlieren kann, so ist unser Zeichen entweder û (wie im Zd. paçus - paçûm), oder der entsprechende Halbvocal, v. Gegen diese Folgerung ist nichts einzuwenden. Nun folgt aber im Namen des Darius ein u, daher ist es der Halbvocal, und es ist nur die Frage, ob es das Zendische v oder w ist. Ich schreibe dafür w, weil wir das ►〒 in der Gruppe finden werden, die das Zendische q, das Neupersische جُ, das Indi-

---

*) XVI. fine. p. 785.

sche s v vertritt und dieses Waw ohne Zweifel stärker behaucht war. Zur Sicherung der Geltung w führe ich an, dass es ebenfalls so vorkommt in wᵃsᶥnâ I. 6. A. 20. H. 4. Zd. vaçnâ*), ex voluntate; in wᵃzᵃrk, I. 1. G. 1. H. 1. magnus بزرگ. Der Uebergang des ältern w in b, wiederhohlt sich gerade im Namen des Darius wo داراب neben دارا, als ältere und ächtere Form steht und ist ein mittelbarer Beweis für die Richtigkeit unserer Lesart; denn dârâb ist das alte Dârhᵃw-usʿ mit Weglassung der Endung.

Ich lese also dârhwusʿ, oder (wie sich erst später ergeben wird) richtiger dârhawusʿ; auf die letztere Form bezieht sich, was ich noch zu bemerken habe.

Die Hebräische Darstellung weicht, wie man sieht, nur darin ab, dass statt der altpersischen Adspiration dem r ein y beigegeben worden ist. Das rh scheint in der That die Aussprache des durchstrichenen Lettischen r gehabt zu haben, denn auch die Griechen fügen nach ρ ein ει ein: Δαρειαῖος, Δαρεῖος.

Die Erklärung des Wortes ist leichter als die des vorhergehenden. Die Wurzelsylbe ist dârh, das Affix awu, das sʿ gehört dem Nominativ. Der Genitiv wird, wie im Skt. und Zend, gebildet durch die Einschiebung eines kurzen a vor u und Anfügung des s. Im Skt. wird aus a + u ein ô, das Zend verwandelt in der Regel in diesen Ge-

---

*) Y. p. 407.

nitiven (Masc. und Neutr.) das a vor u in è; im Altpersischen sehen wir beide Vocale getrennt und unverändert geschrieben: G. 3. A. 14. - - ⊳|≚.
⟨≚⟨. ⟨ꟼ. ⁊⟨. ⟍. dârʰaw-ausˁ. Die drei Sprachen bilden also die Genitive nach folgender Abstufung: Altp. dârʰaw-ausˁ, Zd. - èus, Skt. - ôs = aus.

Ich will hier sogleich das ⟨≚⟨ als a rechtfertigen; Grotefend setzt dafür das lange; dieses passt aber nicht auf den Genitiv dieser Wörter; so wenig als auf den der Wörter Masc. auf a, visˁtâçpahâ und ähnliche. Der Laut a steht aber fest, weil der Familien-Name der Achämeniden mit ⟨≚⟨. anfängt. I. 6. A. 16. G. 4. B. 5. etc.

Ich kehre zur Etymologie zurück. Die Wurzel ist das Indische दृ, dʼṛi, das Zd. děrě, woher धर्त्रि, dʼartri, Erhalter, dʼarma, Satzung, Gesetz; im Zend ist die gewöhnliche Bedeutung: erhalten, bewahren, so in dârayêiti und andern Ableitungen *).

Ich beseitige die Vermuthung, dass dârhawusˁ ein Patronymicum sey (wie madʼu-mâdʼava im Skt.) dadurch, dass ich weder im Zendavesta noch in diesen Inschriften eigentliche Patronymica finde. Sonst leitet das Zend Adjective auf diese Weise ab: yâtu-yâtava, Zauber, zauberisch.

Herodot giebt **) die Bedeutung des Namens

---

*) S. Y. 401. 398. Not. V. XXXVI.
**) VI. 88.

ἐρξείης. Da er ἔργω für εἴργω sagt*), so ist ἐρξείης von ἔργω abzuleiten und wir brauchen auf die spätern Grammatiker, die φρόνιμος und πρακτικὸς **) erklären, keine Rücksicht zu nehmen. In ἐρξείης liegt der Begriff: coërcitor, wie in dem Zendworte der: des in Ordnung Haltens, des Aufrechterhaltens; beides ist nicht schwer zu vereinigen. Diese Erklärung ist im Grunde die derjenigen, die den Namen aus dem neuern دارنده, دارش herleiten ***); denn das neuere Wort ist das Zendische dĕrĕ.

Hystaspes, 𐎻 𐎡 𐎴 𐎫 𐎠 𐎿 𐎱 𐎢 𐎧

B. 4. I. 4. Dieses Wort steht im Genitiv, dessen Endung a h â wir schon oben gerechtfertigt haben. Für den vorhergehenden Buchstaben giebt Grotefend b oder p; für b ist aber ein anderes Zeichen und p ist das einzig richtige, wie schon allein pârᵃçâ, Persae I. 8. beweist. Das Zend und Sanskrit verwechseln nie b und p und die Annahme des b ruht allein auf der unglücklichen Vermuthung, dass das Wort, welches auf Hystaspes folgt, und Sohn bedeutet, bun zu lesen und durch das neuere بن, radix, fundamentum, zu erklären sey †). Man führt ein

---

*) Τοὺς Πέρσας ἔρξε. III. 136.
**) Hesych. Etym. magn.
***) S. die Stellen bei Ges. v. darjav.
†) Grot. a. a. O. S. 353. Das Indische b u n ist eine Corruptel aus vançca, Geschlecht.

Indisches Wort zur Bestätigung an, was gar nichts mit dem Persischen zu thun hat und eine Verstümmelung der jetzigen Provincial-Mundarten ist. Das vorhergehende ist ein Sibilant, den wir durch ç bezeichnen, weil das palatale s in dem entsprechenden Zendworte açpa, Skt. açva, Pferd, constant ist. Ich kann noch die Namen çakâ, die Saker, und çug'd, Soghd, dafür anführen, Sanskrit çaka, im Zend çug'dî. s' und â sind schon bekannt und der dazwischen stehenden Buchstabe muss ein t seyn, wie Grotefend annimmt. So kommt es auch vor in den Formen des Pronomens ta I. 7. 9. 14 etc. Da hier zwei kurze a zusammenfliessen, das Ende des vorhergehenden Wortes und der Anfang von açva, so haben wir noch einen Beweis, das 𐎠 â sey.

Der Zweifel kann sich nur auf die zwei ersten Zeichen richten, weil die Griechische Form Hystaspes, die Neupersische Gustasp, die Zendische Vîstâçpa, ist. Grotefend liest dafür gô; St. Martin vy, und in der That finden wir nachher das 𐎠 als i in imâm, hanc, Zd. imãm, Skt. imâm. I. 24. H. 15. u. s. w. Ist das i richtig, so können wir mit St. Martin auch die Zendform vorziehen und den ersten Buchstaben für v halten. Es hat zwar das Zend ein langes î, dieses ist aber eine Eigenheit, die auch in andern Wörtern vorkommt; so hat es langes î nach v in vîçpa, vî, im Sanskrit viçva, vi. 𐎠 bestätigt sich als v in dem Worte viç, Wohnung, Zend viṣ - viç, Skt. viç. I. 24. II. 14.*). Ich habe oben die Gründe angegeben, warum ich ⊳⫞ für das Zendische w halte; es kommt hinzu, dass das 𐬬 sich in der Mitte scheint durch ⟨𐬬, u, vertreten zu lassen, wie das Zendische v in der Mitte durch die Verdoppelung des u bezeichnet wird. Sonst weichen beide Sprachen in dem labialen Halbvocal von einander ab; im Altpersischen ist w auch initial, im Zend nie; das Zendische w steht auch für b', das Altpersische findet sich nicht mit dieser Geltung, doch sind der Beispiele noch zu wenige, um sicher darüber zu urtheilen.

Ich glaube also unbedenklich vis'tâçpahâ lesen zu können; die Bedeutung ist nach Burnouf **): der Pferde erworben hat. Ich würde vorziehen: dessen Beschäftigung oder Erwerb Pferde sind. Wir rechtfertigen dadurch noch besser die Angabe, dass vitaxae, was eine Verstümmelung aus vittâçpa ist, magistri equitum, bedeute. Das Sanskrit-Wort vitta hat beide Bedeutungen. Aus welchem Persischen Dialecte ist aber das dem Sanskritischen vittâçva näher als dem Zendischen vîstâçpa liegende vitaxa genommen? Oder ist es nur ein Verderbniss für Βίσταξ, wie Hesychius hat? Die Genitiv-Form auf ahâ ist schon oben besprochen.

Ich hoffe, dass über den Werth der in den drei obigen Namen vorkommenden Zeichen kein trif-

---

*) Burn. observ. p. 48.
**) Y. Not. CVI.

tiger Zweifel übrig gelassen ist; wir werden nicht Veranlassung haben, von den obigen Bestimmungen irgendwo abzuweichen oder ihnen zu Liebe irgendwo Fehler der Abschriften zu behaupten. Ich schicke mich deshalb an, mit Hülfe dieser Buchstaben die noch unbekannten zu entziffern und werde mich bei diesem Geschäfte bald von meinem bisherigen Begleiter trennen müssen. Ich hoffe jedoch in der Einleitung gezeigt zu haben, dass eine Abweichung von ihm nicht nothwendig zugleich eine Abirrung von der Wahrheit seyn muss.

§. 3. Ueber die in einigen Flexionen vorkommenden Buchstaben.

Es ist bei dieser Untersuchung nicht meine Absicht, die in diesen Inschriften vorkommenden grammatischen Formen zusammenzustellen, sondern blos solche herauszuheben, aus denen der Werth unbekannter Buchstaben hervorgeht.

Es ist mir Rask *) schon hierin vorausgegangen, indem er vorschlägt, in dem mehrmals vorkommenden Genitiv Plur. des Wortes dahu statt dahutschâo, wie Grotefend liest, das ⊱ für n, nicht für tsch, und das ►|⩀| für m, nicht o, zu nehmen, also dahunâm zu lesen.

Er stützt sich mit Recht darauf, dass diese

---

*) A. a. O.

Endung durch das Zend wie das Sanskrit begründet wird. Ich will seine Ansicht also zu rechtfertigen suchen.

Der Genitiv Plur. hat im Skt. die Endung âm, im Zd. ãm, der bei vocalischen Themen ein n vorgesetzt wird, der Endvocal des Themas wird dann im Sanskrit verlängert, im Zend nicht. Die Pronomina setzen statt n ein s zwischen Thema und Endung und verwandeln ein auslautendes ă des Themas (Masc. u. Neut.) in ê, Zd. aë.

Beide Genitiv-Bildungen stehen I. 3. 4. neben einander und, nach Rask's Vorschlag gelesen, treten sie ganz in Einklang mit dem, was die vergleichende Grammatik fordert.

𒀭 𒁹 𒐊 𒀭 𒌋 𒀭 𒐊 𒁹 𒀭 𒐊 𒁹 𒀭 𒀭 𒀭 𒐊 𒀭 𒐊 𒁹 Die übrigen Buchstaben sind uns schon bekannt und wir lesen: dahunâm. thisʿâm. psʿunâm, (rex) populorum horum bonorum.

thisʿâm ist, da, wie wir oben bemerkt, das h hier entweder für a steht oder es andeutet, das Skt. têsâm (= taisâm), das Zd. taêsãm, nach der Pronominal-Declination.

dahu hat Grotefend richtig mit danghu, dainghu, daqyu verglichen: es entspricht zunächst der ersten Zend-Form; über alle sind Burnouf's Untersuchungen erschöpfend*). Das Altpersische hat das ursprünglich vorhandene i unterdrückt, wie in dem Genitiv auf ahâ; dann

---

*) Yaç. Not. LXXXIX.

fehlt der Nasal des Zendworts. Man könnte versucht werden, diesen herzustellen, indem man in ⟨≽⟨ eine Combination von ≽⟨, n, mit einem vorhergehenden kurzen a, wofür dann ⟨ stehen würde, suchte, gerade wie im Zendischen a̅ eine Combination eines a mit n deutlich enthalten ist. Wir wollen diese Bemerkung später wieder aufnehmen, hier aber anführen, dass die Geltung des ⟨≽⟨ als a̅ (d. h. a̅n) nicht überall angewendet werden kann. Ich ziehe es daher vor, ⟨≽⟨ überall mit a wiederzugeben; denn es ist angemessener, in der Entzifferung einer noch unbekannten Schrift, es zuerst überall nur mit derselben Geltung desselben Zeichens zu versuchen; was dadurch etwa zuerst gefehlt wird, lässt sich nachher berichtigen, während der Gewinn ist, grössere Einfachheit und leichteren Ueberblick dem Alphabete zu verleihen.

dahunâm hat das reine â des Skt. nicht das getrübte des Zends in der Endung, dagegen kurzen Themavocal, wie das Zend, nicht langen wie das Skt. Also wieder bestimmte Verwandtschaft bei dialectischer Abweichung.

Es folgt ps'unâm, dessen Thema ps'u seyn muss. Dieses Wort ist nicht nur sicher zu erklären, sondern weist uns sogar eine eigenthümliche Erscheinung des Zends auch für das Altpersische nach. Das Zend setzt den initialen, auch medialen Sibilanten oft ein f vor: fstâna, für stana, im Skt. Brust, fçuyãnç, von fçu, Skt. sû, zeugen. fsarĕma = sarma, Wohnung, varĕfsva, loc. plur. von varĕ für varēsva, in den Bezirken *).

Auf dieselbe Weise steht nun in diesem Dialecte p; psu wäre Zd. fsu, Skt. su, welches im Skt. nur Präfix ist, in der Bedeutung gut; das Zend hat das Wort in der andern Verwandlung hu, theils als Präfix: gut, theils als Verbal-Wurzel in der Bedeutung: lobpreisen. (vgl. Griech. εὖ und ὕ-μνος). Hier haben wir es endlich als Adjectiv.

Beide Buchstaben, unser n und m, werden sich später noch mehr in den Völkernamen bestätigen, hier gehe ich hauptsächlich auf die Flexionen.

m ist im Zd. und Skt. die Endung des Accus. Sing. Masc. und Faem. Das Altpersische hat im Accus. ►⟨⟨, also m. H. 2. 𒀭 𒀭 𒀭 𒀭 ►⟨⟨ 𒀭 ►⟨⟨ ⟨ dârhawum. A. 2. ⟨⟨⟨ ⟨ ⟨⟨⟨ 𒀭 𒀭 ⟨⟨ 𒀭 ►⟨⟨ ⟨ k'shârsâm. Die Inschrift L. B. bietet in den fünf ersten Zeilen eilf Accusative dar, die alle mit ►⟨⟨, m, endigen.

Ich behandele aber lieber ein anderes Beispiel, welches uns zu ganz andern Entdeckungen führen wird. H. 15. steht: 𒀭 ►⟨⟨ 𒀭 ►⟨⟨ ⟨ 𒀭 ⟨⟨⟨ ⟨⟨⟨ 𒀭 ⟨⟨ ►⟨⟨ ⟨ imâm-dahâum, hanc terram; ich glaube niemand wird anstehen, hierin das Indische und Zendische Pronomen ima, Accus. Faem. imâm, imām, wieder zu erkennen.

---

*) Burn. Y. Not. CXXVII. Yaç. p 517. Obs. p. 27.

dahâum scheint sehr von dahu abzuweichen; und doch führt uns gerade diese Form sehr entschieden auf das Zend zurück. Ich muss hier bemerken, dass dahu in diesen Inschriften als Masc. für Volk, als Faem. für Land steht. Ein Wort auf u macht den Accus. auf um und den haben wir auch hier. Woher aber â? Dieses erklärt sich aus dem Vriddhi des Endvocals; u wird âu; das m des Accus. wird alsdann einen Bindevocal nehmen, und âu in âv übergehen, also dahâv-am. Man wird gegen diese Ansicht vielleicht einwenden, dass ein Guna hinreiche, die Form zu erklären, indem im Zd. ava sich in âu contrahirt (nâumēm = navamēm V. S. 119.). Aber eben in unserm Worte hat das Zend ein Vriddhi: dan͂ghâvô, Nom. Plur. *). Eben dieser Plur. lautet in unsern Inschriften dahâwa I. 14. mit abgeworfenem s. Wie das Zend, dehnt das Altpersische diese starke Form auch auf Casus aus, die im Skt. schwach sind, so im Genitiv unseres Wortes dahâus῾ H. 5. Es scheint also, dass die Altpersischen Wörter auf u im Genit. Sing. Guna (au) im Masc.; Vriddhi (âu) im Faem. annehmen.

Ich kehre zu ima zurück, wovon der Nom. Plur. Faem. imâ steht I. 7. (Skt. imâ vor tönenden Buchstaben). Dann steht I. 21. 𒐊 𒐊 𒐊 𒐊 ebenso B. 6. Beide Male folgen Wörter, die ebenfalls mit m endigen und Accusat. Sing. seyn

---

*) Y. Not. LXXVIII.

müssen. imm kann aber keine Zunge in der Welt ohne Aufopferung des einen m articuliren oder einen kurzen Vocal zwischen den beiden m hören zu lassen. Das Zend sagt im Accus. Masc. imĕm, das Skt. imam und so ist hier ohne Zweifel zu lesen. Da das Altp. das â des Faem. vor m rein erhält, wie das Skt., so ergiebt die Analogie, dass auch im Masc. ein reines â sey, nicht das Zendische ĕ.

Ist dieses aber richtig, so dürfen wir auch B. G. tîr^{a}m, I. 21. pâr^{a}ç^{a}m, hanc portam, hanc Persiam, lesen. Ueber das erste a, welches ich in pâraça einschiebe, will ich noch nichts sagen; dass das zweite richtig ist, folgt aus dem Nom. Plur. pâr^{a}çâ I. 8. *). Denn daraus ergiebt sich ein Thema auf a und dieses wird sich vor dem m des Accusativs erhalten.

Ich glaube also zwei klare Fälle gefunden zu haben, wo das kurze a nicht geschrieben wird, sondern dem vorhergehenden Consonanten inhärirt.

Da nun dieses Princip geradezu das frühere Alphabet über den Haufen werfen muss, setze ich gleich andere Beispiele hieher und zwar lauter Wörter, die Niebuhr und Porter ohne Variante geben:

âd^{a}m I. 17. M. 1. posui, 1. imperf. von âdâ, Skt. आ + धा.

---

*) Um auch in der Umschreibung das inhärirende a zu bezeichnen, schreibe ich es immer auf diese Weise.

âpᵃtᵃrᵃm. A. 20. oder âptᵃrᵃm, wahrscheinlich eine Comparativ-Form von apa, wie uttara in Skt. von ut. Nach dem Zendischen apâkᶜtara *) scheint es nördlich zu bedeuten.

âtᵃrç. I. 9. Gen. von âtar, Feuer, im Zd. âtʻraç (âtʻrô), ich lese aber âtᵃrç, weil ein finales Altp. s sich nach a in h verwandelt.

âbᵃr. I. 9. attulerunt, Skt. आनर्, attulit, im Zd. ist bĕrĕ, baraiti, fert, häufig genug. So auch frâbᵃr, H. 2. 7. protulit.

frᵃmâtârᵃm. A. 6. L. B. 3. Zd. wäre es framâtârĕm, Skt pramâtâram, d. h. regulatorem, wenn dieses Wort zulässig ist.

Diese Beispiele, wo die übrigen Buchstaben alle schon erwiesen sind oder es bald seyn werden, vereinigt mit den Völkernamen, werden, denke ich, darthun, dass mein Grundsatz sich bei einer gründlichen Erforschung des Alphabets von selbst aufdrängt und nur von denen verkannt werden wird, die einem frühern Systeme zu Liebe, es vorziehen, unaussprechbare Wörter, die in den verwandten Sprachen nichts analoges haben, aufzustellen. Gegen die Zulässigkeit meines Systems muss sich aber jeder gründliche Einwurf gegen meine Entzifferung richten. Man kann einzelne Bestimmungen meines Alphabets bestreiten; diese

---

*) Y. Not. LX. CXI.

bilden nur eine Nebensache; giebt man mir mein Princip zu, setzt man immer ein neues System an die Stelle des frühern.

Habe ich aber Recht, so erklären sich die Irrthümer des frühern Alphabets von selbst. Um einigermassen aussprechbare Wörter zu erhalten, musste mancher Consonant die Rolle eines Vocals übernehmen und Fehler angenommen werden, die unwahrscheinlich sind, da zwei unabhängige Zeugnisse zusammentreffen, und beide, Niebuhr und Porter, genau und sorgfältig verfuhren. Oder sollen diese Fehler gar den ursprünglichen Einhauern der Inschriften aufgebürdet werden, Inschriften, die unter den Augen der grossen Könige eingehauen wurden und von deren Nettigkeit und Deutlichkeit Niebuhr und Porter mit Entzücken sprechen?

Man wird einwenden, dass durch meine Annahme der Willkühr ein weites Thor sich öffnet und durch die Einschiebung eines nicht geschriebenen Vocals jedes Wort sich verdrehen lasse in was man will.

Doch dem ist nicht so. Es lässt sich aus den Inschriften selbst ein System folgern, welches nur wenige zweifelhafte Fälle zulässt. Ich suche jetzt dieses zu entwickeln.

Untersuchen wir zuerst, unter welchen Bedingungen das geschriebene a, ⟨⋝⟨, vorkommt:

1) ⟨⋝⟨ wird gesetzt im Anfange. Hier musste es geschrieben werden, weil kein Consonant, dem es innewohne, vorhergeht. Auch nur

in diesem Falle hat es in Devanagari eine selbständige Form.

2) Vor Vocalen, mit denen a einen Diphthong, ai oder au, bildet. Auch hier musste es geschrieben werden, weil man sonst i oder u lesen würde. So im Genitiv dârhᵃwauṡ.

3) Nach Consonanten wird ⟨≻⟨ nur geschrieben, wo ein ⟩⟨⊢, h, auf das a folgt. Der Grund davon liegt also in dem folgenden h. Dieses ist ein besonderer Fall, den ich daher einzeln behandeln werde. Dass a aber dem Consonanten inhäriren muss, wäre schon aus dieser Wahrnehmung zu schliessen.

4) Nach Vocalen wird ⟨≻⟨ nur geschrieben, wenn der vorhergehende Vocal ein â ist, nie nach i oder u.

Dieses muss hier erörtert werden. In zwei Beispielen I. 20. 22. steht âa, ⦀ ⟨≻⟨, aber beide Male ist es wahrscheinlich, dass der Worttheiler fehlt. Ohnehin fällt dieser Fall unter No. 1. da â nicht Consonant werden kann, muss natürlich ⟨≻⟨ voll geschrieben werden.

Etwas anders ist der folgende. I. 7. H. 4. 9. steht der Genitiv von âurᵃmᵃzdâ, Ormuzd, im Zd. âhuramazdâ, so geschrieben: ⦀ ⦀ ⟨≻⟨ ⦀ ⟍ dâaâ.

Wir wissen, dass die Wörter auf a den Gen. auf ahâ bilden. Warum steht denn hier nicht âhâ, da â sonst gerne ein h sich beigesellt *)?

---

*) S. oben. S. 30.

Vielleicht, weil eben das â einen hörbaren Hauch mit sich führte, h also zwischen zwei â als eine zu grosse Häufung der Hauchbuchstaben erschien und daher a dafür gesetzt wurde. Da nur Ein Beispiel dieser Art vorkommt, so lässt sich darüber nicht ganz sicher urtheilen, aber ich glaube, dass das ⟨⚵⟩ hier einen andern Grund, als den eben angegebenen sehr äusserlichen hat; ich komme sogleich darauf zurück.

Da nun aber ⟨⚵⟩ nie nach i geschrieben wird, wo es nachweislich in der Aussprache vorhanden war, so haben wir für die Inhärenz des a einen directen Beweis und zwar diesen. Nach dem kurzen a verwandelt sich das s (des Nominativs, aus welchem ich allein Beispiele in diesen Inschriften gefunden habe) in h. H. 3. aus͑ᵃdᵃh. A. 18. tᵃh. B. 5. H. 1. L. B. 1. 2. 3. ah. Nach i wie u wird es aber s͑. s͑ihâtis͑. I. 23. ᛞᵃtᵃg͑ᵃdus͑ I. 17. bâk͑tris͑ I. 16. arᵃqᵃtis͑ I. 17. aidus͑ I. 17. Wenn also Nominative auf ih vorkommen, so kann der Grund nur seyn, dass das i hier nicht unmittelbar vor s stand, sondern es war ein a in der Aussprache vorhanden und daher wurde ein h aus dem s. So in hᵃk͑iᵃh. I. 19. 22. L. B. 11. ak͑âmᵃnis͑iᵃh. I. 6 etc. âpiᵃh. A. 13. ȧdᵃrs͑iᵃh I. 8. Doch dieses nebenbei. —

Wir sehen also, dass das a nur geschrieben wird in Fällen, wo es unentbehrlich ist, im Anfange und vor Vocalen, die sonst allein dem Consonanten zufallen und das a ausschliessen würden. Dieses gilt von Fall 1 und 2. Es lässt sich schon daraus schliessen, dass auch der dritte Fall, d. h. a vor h, nur dann eintritt, wenn es wirklich erfordert wird. Könnte h als Vocal gelten, so wäre es überall nicht nothwendig, es je vor h zu schreiben. Es findet sich aber h ohne vorhergehendes a (wie a u sᵃ d ᵃ h) und unmittelbar nach einem Consonanten einerseits, andererseits aber mit ausdrücklich vorhergeschriebenem a: d a h u n â m, â a h â h â (A. 12. L. B. 7. mit der Variante â a i h â h â) vis'tâçpa h â, d r h a h â, I. 13. Endlich steht nᵃh. nᵃhânâm. nᵃhᵃm. L. B. 4. 5. 6. neben nᵃhahâ. L. B. 9. 14.

Es scheint mir, dass dieser Widerspruch in der Orthographie nur erklärt werden kann durch die Annahme eines Unterschieds in der Aussprache, dass man mit andern Worten des ⟨⋝⟨ nach Consonanten, denen es sonst inhärirt, nur dann wird geschrieben haben, wenn es eine besondere Aussprache bezeichnete. Ist dieses richtig, so hängt diese Aussprache mit dem h zusammen.

Hier drängt sich nun die oben gemachte Bemerkung über die Figur des ⟨⋝⟨ wieder auf, dass es ein ⋝⟨ enthalte, dem ein Winkelhaken zur Bezeichnung des a vorgesetzt sey. Ich brauche nicht zu wiederhohlen, das im Zend das ã ebenso aus a und n zusammengesetzt ist. Nehmen wir versuchsweise die Aussprache a ñ g (d. h. a und ein gutturales n) für ⟨⋝⟨ an, so wird diese beinahe gefordert in d r h a h â, also d r h ᵃ ñ g h â = Δράγγαι, ist zulässig in d a h u (also d ᵃ ñ g h u) = Zd. d a ñ g h u; die Genitive auf a h â vertragen auch diese Verwandlung, da im Zend a ñ g h ê vorkommt neben ahê. âahâhâ scheint eine Participialform von as, seyn, im Zend an͠ghvas, oder âon͠gha-irya, ja âur^{a}m^{a}zdan͠gâ fällt auch unter diese Categorie; das h verschwand in der Aussprache vor dem langen â nach dem gutturalen n͠g.

Achten wir weiter darauf, dass dieses ⟨⊱⟨ vor h nie in der Endsylbe vorkommt, also nicht da, wo im Zend ô für as steht, sondern nur in solchen, wo das Zend an͠gh für as hat, so scheint dadurch diese Vermuthung eine grosse Bestätigung zu gewinnen; beide Dialecte werden sich weit näher gebracht und es stellt sich uns der wirkliche und bleibende Unterschied heraus, dass am Ende das Altpersische as behandelt, wie das Skt. vor stummen, das Zd. so wie das Skt. es vor tönenden Consonanten behandelt, es wird Altp. ah, Zd. ô.

Um diese Ansicht aber noch mehr zu sichern, müssen einige Hindernisse beseitigt werden, die ich nicht ganz heben kann.

Erstens warum hat ⟨⊱⟨ diese Geltung nicht überall? In dârh^{a}waus' scheint sie mir nicht zulässig; auch nie im Anfange, denn die Achämeniden, Aria und Arachosia haben nie bei den Alten eine Spur eines Nasals, so wenig wie im Zend harôyu und haraqaiti. Nur ahâ I. 22. A. 2. H. 7. duldet als Genitiv von *a* im Anfange diese Aussprache; ah (⟨⊱⟨ ⟨⊱ ⟨) dagegen L. B. 1.2.3. kann nichts seyn, als is, Skt. as-âu und duldet sie nicht.

Ich glaube, dass dieser Einwurf sich hebt, wenn man die Regel aufstellt, dass das h den vorklingenden Nasal nur dann annimmt, wenn es stark und hörbar ist, d. h. vor einem folgenden Vocal; dann wird also ⟨≂⟨ ⟩⟨⸺ gesetzt, auslautend dagegen, wo es ein blos leise nachtönender Hauch ist, hat es diese nasalirte Aussprache nicht. Diese Regel erklärt wohl die Erscheinung des bald nasalirten, bald nasallosen a, aber nicht wie das Zeichen ⟨≂⟨ beide Laute bezeichnen kann. Der eine ist ein reiner Vocal, der andere ein Gemisch eines Vocals und Nasals; ganz als Nasal, also als Consonant, kann ⟨≂⟨ nicht genommen werden, eben weil es auch für reines a steht.

Die Hauptfrage ist aber die: welche Geltung kommt dem ⟨≂⟨ ursprünglich und eigentlich zu? Da dieses Alphabet das a nur hinschreibt, wo es ohne Verstümmelung des Wortes von der Schrift nicht weggelassen werden konnte, so dürfen wir annehmen, dass bei einem weniger ausgebildeten Zustande des Alphabets kein besonderes Zeichen für a vorhanden war. Es lag am nächsten, als Bedürfniss eines eigenen Zeichens sich dafür fühlbar machte, das ⟩⟨⸺ dazu zu wählen, wie aus dem Ain sich ein Hamza gebildet hat. Auch zeigt der Theil des ⟨≂⟨, den wir für a halten müssen, eine offenbare Aehnlichkeit mit h, ⟩⟨⸺; ich glaube, dass ⟨⫯ sich nachher als eine andere Form des aus ⟩⟨⸺ entwickelten a wird darstellen lassen können. Um nun den Nasal vor h zu schreiben, wurde das rein dentale n, ≂⟨, unschicklich befunden; das n vor h musste eine gutturale Färbung annehmen. Man bildete also ein Zeichen, dessen Hauptzug ein n war, gab ihm aber einen Zug aus dem an das a gränzenden h bei. Man sündigte insofern gegen das Princip des Alphabets, dass man das a in der Mitte der Wörter zwischen Consonanten andeutete, doch nicht ganz. Denn das gewöhnliche n liesse sich selbst als ein a enthaltend betrachten; indem man das a darin im Anfange der Figur anzeigte, schloss man das inhärirende a aus und stempelte es als das gutturale sich dem folgenden h unmittelbar anschliessende. Eben aber weil ⟨⃒⟩ ein anlautendes a in sich enthielt, wurde es auch gebraucht, um das reine a zu bezeichnen, wo es unumgänglich war, dieses zu schreiben. Es war dazu geschickter als h, ⟨⃗, welches immer einen Hauch angab; im Anfange lässt aber das Altp. sogar den Zendischen Hauch weg und sagt aʳaqᵃtisʻ für haraqaiti.

Was man auch von dieser Hypothese denke, es scheint mir am wahrscheinlichsten für ⟨⃒⟩ die zwei Bedeutungen anzunehmen: im Anfange und vor andern Vocalen als a, vor h aber als añg. Dem Gebrauche nach ist das letzte das Zendische gutturale ñg, der Figur nach das Zendische ã.

Die zweite Einwendung ist diese: das Altp. lässt in andern Fällen den Nasal weg, wo er doch von den Alten und im Zend vorhanden ist, namentlich vor den Dentalen. Man könnte also schliessen, dass auch vor h kein Nasal war, wenigstens in der Schrift nicht. Beispiele sind aiduś, Indien, I. 17. wo auch das Zend n hat, hĕnd̃u *); gᵃdâr, I.18. wo Herodot und die Indier n haben, Γανδάριοι, gandhâra (गन्धार) **). Hier sprechen aber zwei ebenso nahe Zeugnisse dafür, dass die Perser wirklich das n nicht sprachen. Die Hebräer sagen hoddu für Indien und Isidorus Charac. schreibt Γάδαρ ***). Die Keilschriften schreiben also hier kein n, weil die Aussprache es nicht hatte.

Am Ende findet sich nie ein ⟨≍⟨, wie im Zend ein ñg kaum vorkommt †).

Für den Laut añg des ⟨≍⟨ spricht endlich genauer betrachtet auch noch der Genitiv âurᵃmᵃzdâaâ. Die Faemina auf â schreiben im Genitiv Sing. âhâ. A. 13. L. B. 8. wᵃzᵃrkâhâ. A. 12. âahâhâ. Da nun âhâ eine erlaubte Zusammenstellung ist, da âurᵃmᵃzdâ ein radicales â, wie das Faem. hat, so würde man im Genit. auch mᵃzdâhâ schreiben können, wenn die Endung des Masc. blos hâ wäre. Weil sie aber ñghâ ist, so schreibt man 𒀭 𒀭 ⟨≍⟨ 𒀭 ⟨ Es scheint also Altp. in der Formel für âsâ entweder âhâ ohne Nasal oder âñgâ ohne h zu gelten. Das Zd. hat ñgh, aber ao für â.

Hatte aber ⟨≍⟨ in der Mitte die Aussprache añg, so erklärt sich, warum thmihᵃ, thihᵃ,

---

*) Burn. Y. Not. CXIII.
**) De Pentap. Ind. S. 15.
***) Ed. Huds. p. 7.
†) Siehe Y. Not. LI. qĕñg. etc.

nicht tamihᵃ, taihᵃ geschrieben wurde. Es war in tam ein reines m, kein n͞gm, um aber die Lesung tmihᵃ zu verhindern, schrieb man h zur Trennung des m von t, wie in thihᵃ um die Aussprache tihᵃ zu verhindern. Vergleiche ich jedoch den letzten Fall mit thisᶜâm *), so scheint in der That das ai in der Mitte nicht ⟨⊱⟨ 𝕀 sondern 𝕀⟨⊱ 𝕀 geschrieben zu werden (denn im Anfange haben wir aidᶜusᶜ mit ⟨⊱⟨ 𝕀). Jedoch ist das ai in thihᵃ und thisᶜâm verschieden; in thihᵃ ist es aï, in thisᶜâm wahrer Diphthong und es steckt wohl noch ein Geheimniss hinter dieser Orthographie. Ist es etwa eine Andeutung der Zendischen Aussprache taêsᶜâm?

Die orthographische Regel stellt sich denn für ⟨⊱⟨ sehr einfach, es erscheint am Ende nie, in der Mitte nur vor h, wenn es an͞g gilt und vor u **); im letzten Falle gilt es nur a; im Anfange steht es überall für a, ausser wo ein mediales h folgt.

Nach welchem Grundsatze soll sich nun das ungeschriebene a richten? Es muss dieses durch eine Induction festgestellt werden und bei der geringen Anzahl von Texten kann diese noch nicht vollständig seyn. 1) Eine Hauptregel wird die seyn, dass tenues und mediae nicht unmittel-

---

*) S. oben S. 31.
**) Ich mache darauf aufmerksam, dass im Zend an͞ghu, aber nicht an͞ghi, sondern ahi, steht. Siehe Burn. Journ. As. p. 61.

bar auf einander folgen dürfen. 2) Auch darf kein Consonant verdoppelt werden, weil das Zend keine Doppelconsonanten duldet und diese Inschriften selbst einen Beweis für dieselbe Erscheinung im Altp. geben: udât^{a}qa H. 23. für uddât. 3) Endlich schliesst ein anderer Vocal das a aus. 4) Für das finale a wird die Regel gelten, dass Buchstaben, die nicht auslauten können, das a annehmen müssen. 5) Die Zweifel entstehen nur bei der Verbindung der Nasalen und Halbvocale mit andern Consonanten, dann bei dem Zusammenstehn zweier oder dreier verträglichen Consonanten. Aus den wenigen Beispielen wage ich noch keine allgemeine Induction, sondern werde mich nach dem Zend und bei den Eigennamen nach der historisch überlieferten Aussprache richten. Doch ist hier nicht überall Gewissheit zu erlangen; die Indier sagen pâraça, die Alten Persa; lesen wir nun pâr^{a}câ oder pârçâ? Aus dem Zendischen ε lässt sich schliessen, dass in den Altpersischen Dialecten Consonanten oft durch ein leichtverklingendes e getrennt wurden, welches die Zendschrift sehr willkührlich einschiebt oder auslässt: vidmahi und vidĕmahi u. v. a.

Was dieses alphabetische System interessant macht, ist sein Verhältniss zum Devanagari. Es hat damit die Aehnlichkeit, dass das a nur initial geschrieben wird, dass a dem vocalisirten Consonanten inhärirt, wenn es nicht durch einen andern Vocal ausgeschlossen wird. Das Devanagari hat aber schöne und einfache Mittel, die durch das allgemeine Princip unentschiedenen Fälle zu bestimmen; es schliesst das a theils durch das Ruhezeichen, theils durch die Ligatur der Consonanten aus (सत, sata, सत्, sat, स्त, sta.). Es fehlen der Keilschrift offenbar diese beiden Mittel, um eine völlig ausgebildete Schrift zu seyn, dem Wesen nach beruhen beide auf derselben Wurzel.

Ist also das Devanagari eine Vervollkommnung eines ältern mangelhafteren Alphabets? Hatten die Indier, als sie noch nicht über die Lehre sich mit den alten Iraniern entzweit hatten *), als noch die Yavana, Pârada, Pahlava und Çaka nicht vom alten Gesetze abgefallen, und Mlêk'a, Barbaren, geworden, noch Völker, daiñghu, nicht dasyu, Räuber, waren **), hatten die Indier damals ein ähnliches Schriftsystem, welches sie, wie die Grundzüge der Kasten-Verfassung, der Feuer-Verehrung, der Sternkunde, aus dem Lande des alten Gesetzes ***) in die Ebenen des Yamunâ und Gangâ jenseits des heiligen Sarawati †) mitbrachten und dort auf eigene Weise ausbildeten?

Warum haben sich denn aber keine Spuren dieses Alphabets östlich von der grossen Persischen

---

*) Burn. Y. 566.
**) Manu X. 45.
***) Burn. a. a. O.
†) De Pentap. Ind. S. 58.

Wüste in den Ländern, die Ormuzd zuerst erschuf, gefunden *)? Oder wird uns die regsame Zeit auch noch diese Entdeckung bringen?

Ist dieses Keilalphabet aus den künstlichern andern Gattungen vereinfacht oder diese aus jenem zusammengesetzt? Hierauf haben wir in diesem Buche nicht zu antworten.

Ich kehre zur eigentlichen Aufgabe zurück. Es sind noch einige grammatische Formen, aus denen ich glaube ein neues Zeichen bestimmen zu können. Da dieses aber einfacher aus den Völkernamen geschehen kann, gehe ich zu dieser auch für den Geschichtsforscher nicht anziehungslosen Untersuchung über. Ich glaube mich jetzt hinlänglich dazu vorbereitet.

§. 4. Entzifferung der Völkernamen in der Niebuhr'schen Inschrift I.

In der 9ten Zeile stehen folgende Worte, die ich hier um Erlaubniss bitten muss, nur hinzuschreiben und zu übersetzen; ich werde die Uebersetzung später zu rechtfertigen suchen:

thâ. ayâm. âtarç. manâ. bâg'iam. âbar.

hi (populi) adorationem igni, mihi tributa attulerunt.

Es folgt jetzt die Aufzählung; das erste Wort, welches den Theil Mediens bezeichnet, den Kte-

---

*) Vendid. Fargard. I.

sias *) Χαύων nennt, können wir erst später lesen. Darauf folgt Z. 10. ohne Variante: ⸺𐎹𐎡 𐎶 𐎠 𐎭 was wir schon lesen können: mâd. Brauche ich zu beweisen, dass dieses Madai, Μῆδος ist? Es wird aber der Name des Landes, nicht des Volkes seyn, und ein Nominativ, dem das s fehlt, wie in ähnlichen Fällen im Skt. Mit dem vorhergehenden Lande zusammen wird alles umfasst, was die Alten Medien nannten. Dem Range nach war dieses das zweite Land unter den Königen der Könige. Persien, das erste und tributfreie **), ist zuerst genannt Z. 8.

Bei Herodot ist dieses die 10te Satrapie: ἀπὸ δὲ Ἀγβατάνων καὶ τῆς λοιπῆς Μηδικῆς, καὶ Παρικανίων, καὶ Ὀρθοκορυβαντίων, πεντήκοντά τε καὶ τετρακόσια τάλαντα. νομὸς δέκατος οὗτος. III. 92.

Agbatana kann nichts seyn als der Mittelpunct der Satrapie, die Hauptstadt und ihr Gebiet, um welches das übrige Medien herumgelagert war. Die beiden andern Völker sind aber verschiedene Stämme, die wohl nicht zu den Medern gehörten, aber in der Steuerrolle zu ihnen geschlagen worden waren. Ich will nämlich hier sogleich die Bemerkung einschalten, dass wir Herodots Verzeichniss und das uns hier vorliegende aus zwei verschiedenen Gesichtspuncten betrachten müssen. Herodots ist offenbar ein administratives Acten-

---

*) Rell. ed. Baehr. p. 409.
**) Herod. III. 97.

stück, eine Steuerrolle, worin die jährlichen Tribute und die Völker, die sie brachten, angegeben waren. Man sieht dieses schon daraus, dass Völker zusammengestellt werden, die weder in Civil-Sachen, noch in Militär-Angelegenheiten denselben beständigen Satrapen haben konnten. Die kleinern Völker waren den grössern beigesellt, um gerade Summen der Steuerquoten herauszubringen; denn es sind immer Tribute, deren Summen in zehn aufgehen. Unser Verzeichniss zählt aber nicht in Beziehung auf diese Eintheilung auf, sondern nach der geographischen Lage, indem vom Mittelpuncte ausgegangen und dann erst in westlicher, nachher in östlicher Richtung fortgefahren wird. Es umfasst etwa alle die Völker, die zwischen dem Euphrat und Tigris in Westen, dem Indus in Osten, dem Jaxartes in Norden, dem Indischen Meere in Süden wohnten. Nun finden sich zwar alle bedeutenden Völker dieses Theils der Monarchie in unserer Inschrift ebenso, wie bei Herodot, erwähnt, einige kleinere hat Herodot, die die Inschrift nicht giebt und umgekehrt. Erst die durchgeführte Vergleichung beider Verzeichnisse kann zu der Einsicht führen, woher dieser Unterschied beider Verzeichnisse stammt. Ich werde daher beide Namen-Reihen immer an einander halten.

Die Orthocorybanten sind ein sonst unbekanntes Volk mit einem offenbar gräcisirten Namen; das ὀρϑο- wird das Zendische ĕrĕd'va = ard'va, hoch, seyn, und der eigentliche Name in $\varkappa o \varrho v \beta$ - liegen. Rennel *) hat wegen des Anklanges des Namens das Volk nach Currimabad gesetzt. Ich halte seinen Grund für ungenügend, die Lage aber für richtig. Wir werden das Volk in unserer Inschrift und bei spätern Geographen unter einem andern Namen erwähnt finden.

Die Parikanier kehren III. 94. wieder in der 17ten Satrapie mit den Asiatischen Aethiopen; die Parikanier sind wohl dieselben, nur verschiedene Abtheilungen desselben Volkes. Der Name ist ein bedeutsamer von pairikâ, Fee **) und es muss ein Volk seyn, welches dem Cultus der Feen ergeben war. Aus der Vertheilung zwischen der Medischen und Gedrosischen Satrapie (denn Gedrosien ist das Asiatische Aethiopien) bestimmt sich der Wohnsitz der Parikanier, sie müssen in den Wüsten zwischen Medien und Gedrosien gewandert oder gewohnt haben ***); in Wüsten kann sich auch ein kleines Volk weit ausdehnen und nur diese Lage macht es deutlich, warum sie theils zu Medien, theils zu Gedrosien gezählt wurden. Dass gerade diese Wüstenbewohner dem Feendienste ergeben waren, beweist der Vendidad †). Das siebente Land ist vaĉkĕrĕta, ein bezeichnender Name: das verunstaltete, also gewiss eine Wüste, ein dürres Land und nicht,

---

*) Geograph. System of Herod. p. 270. ed. 1800.
**) B. Y. Not. VI.
***) Παρικάνη, πόλις Περσική. Hecataeus. ed. Klausen p. 95.
†) Farg. 1.

wie Anquetil wollte, das fruchtbare Kabul. "Ahriman, der todtschwangere, brachte diesem Lande hervor das Unheil einer Pairika, welche tödtet, welche den Kerĕçâçpa bezwang *)." Dieses von der Pairika beherrschte Land wird das der Parikanier seyn. Wenn Rennel die Παραιτακηνοί zu demselben Volke macht, so ist dieses wohl irrig; denn diese hatten eine bestimmte Lage auf dem Gebirge zwischen Persien und Medien; so wie der Name in der That Gebirgsland bedeudet. Es ist nur ein Collectiv-Name für den Bezirk, worin die Uxier wohnten **).

Die Parikanier werden in unserer Inschrift gar nicht genannt, und dieses ist ein vorläufiger Fingerzeig zum bessern Verständniss derselben.

Das nächste ist ⊨∫ 𝍏 ⊨∫ 𝍐 ⊠ ⟨𝍐 ⊠ ⟩

Das letzte sʿ hat bei Porter den obern Keil verlohren: ⟨⟨, Niebuhr fand es noch vollständig. Das einzige unbekannte Zeichen ist ⊨∫, welches Grotefend für einen Fehler statt ⊨∫ hält, St. Martin für damit identisch. Wäre das eine oder das andere der Fall, so wäre zu verwundern, dass

---

*) Burnouf Yaçn. Not. LVII. erwägt die Bedeutung der Worte duζakô. çayanĕm; die obige Zusammenstellung entscheidet mich, sie zu übersetzen: vaê-kĕrĕta, welches die Lage des Uebels ist. duζaka kann dem ohngeachtet ein Eigenname seyn. Ich corrigire im Zd. Texte: yâ kʿnâfaiti.

**) Strabo XVI. §. 12. Tz. Burn. Yaç. Not. C.

die Wörter, denen ⟨cuneiform⟩ eigen ist, nie dafür ⟨cuneiform⟩ zeigen. Bei Le Brun ist oft, aber bei Niebuhr und Porter nur durch die Schuld der Zeit, einige Mal ein ⟨cuneiform⟩ auf ⟨cuneiform⟩ herabgekommen; nie aber, was allein beweisend wäre, steht ein ⟨cuneiform⟩ für ⟨cuneiform⟩.

Dieses Zeichen findet sich in einer Flexion vor is' und nach i. So in ⟨cuneiform⟩ I. 24. H. 14. dessen Accus. ⟨cuneiform⟩ lautet. Ein anderes Beispiel ist in den Stellen A. 24. H. 14. 15. L. B. 12. 15. wovon der Gen. Plur. H. 1, und das Thema L. B. 1. steht. Auf diese Flexion: i-is' passt nur ein b, also bis', mit vorhergehendem Bindevocal: ibis', d. h. der Instrumentalis Plur. Zd. bîs (langes î wie nach v), Skt. b'is. ⟨cuneiform⟩ als b gelesen giebt uns bâk'tris' J. 16. für Bactrien; ich übergehe daher andere Beweise.

Hier also haben wir bâbisus'.

Im Zend fehlt das l und auch im Altpers. ist keine Spur davon. Ich stehe daher nicht an, in dem obigen Worte Babylon zu erkennen. Mein Zweifel ist nur, ob statt des l in Babel hier ein Affix s'u sey, oder ob bâbi. s'us' zu theilen, so dass der zweite Theil des Wortes Susa, das s'us' der Hebräer sey.

Bei Herodot ist Babylon ein Theil der neunten, der Assyrischen Satrapie, Susa und das übrige Land der Kissier bilden die achte III. 91. 92.

Ich finde Susa und die Kissier sonst nicht in der Inschrift erwähnt und glaube nicht, dass die Uxier, die ich nachher nachweisen werde, für die Kissier gesetzt seyn können, obwohl sie an Susiana gränzten. Susa, die Residenz der grossen Könige, und wahrscheinlich Hauptstadt des frühern Reiches Elam *), des Landes der Elymäer, scheint kaum übergangen seyn zu können. Susa bezahlte Tribut und zwar einen ziemlich grossen, 300 Talente **). Sind nun die Namen beider Hauptstädte, Babylon und Susa, in Ein Wort vereinigt? Es sind jedoch grammatische Schwierigkeiten, die ich nicht lösen kann. Erstens wäre dieses ein Dvandva, wovon ich im Zend kein Beispiel weiss. Zweitens sehe ich gar keinen Ersatz für das verschwundene l. Nehmen wir aber das erste s‘ für einen Ersatz des l und das zweite für den Nominativ, wie in aid'us‘, ςatᵃgᶜadus‘. I. 17. 18. Indien, die Sattagyden, so ist bâbis‘u die Altp. Form für Babylon. Es bleibt hier dann aber der Einwurf, dass Susa nicht erwähnt ist und die unerwiesene Behauptung, dass s‘ für l stehe. Hätten wir die Inschrift, worin die Völker westlich von Halys, also die Lyder aufgezählt werden, so könnten wir eher die grammatische Schwierigkeit heben.

Vielleicht lässt sich die Bemerkung, dass Susa hier nicht erwähnt ist, dadurch beseitigen, dass diese Inschrift sich auf eine einzelne Darbringung von Tributen bezieht, bei welcher die Susianer in der That nicht mit erschienen.

---

*) Jesaias XXII. 6.
**) Herodot l. c.

— 69 —

So wie hier die Inschrift ein Land besonders
erwähnt, das bei Herodot einer Satrapie einverleibt ist, so geschieht es sogleich wieder. Das folgende Wort, 𒀸 𒅆 𒁹 𒀸 𒆜 𒑊 enthält keine
unbekannten Buchstaben: ârbâh, oder àraþâh.
Da die Faem. auf â nicht das h sich beigesellen (aiâ. I. 9.), nicht einmal die Mascul. auf â,
wo es auch für das verwandelte s des Nom. gelten könnte (âuramazdâ H. 1. 7.), und die Plur.
der Wörter auf a auch kein h für s bewahren
(pâraçâ I. 8.), so scheint das euphonische h *)
blos medial zu seyn. Es wird also in ârbâh der
Aussprache angehören. Daher scheint es also Arrapach-itis zu seyn, ein Theil Assyriens, der
vom Ptolemaeus genannt wird **) und wohl das
Volk der Arphachsad der Genesis ist ***).
Auch ist die Uebereinstimmung der Buchstaben
gross genug, zumal das h nicht blos euphonisch
ist. Da nun aber Assyrien sogleich erwähnt wird,
und die Arrapachitis im nördlichen Assyrien liegt,
so steht dieser Vergleichung zweierlei entgegen,
einmal dass die Aufzählung einen Sprung mache
von Babylon bis nach dem nördlichsten Assyrien,
zweitens dass ein Land, welches gar nicht als ein
sehr wichtiger Theil Assyriens vorkommt, vorzugsweise neben dem Lande Assyrien selbst hervorgehoben wird. Es könnte diese Stellung wegen des

---

*) S. oben. S. 30.
**) VI. 1.
***) Ges. Thes. s. v.

folgenden nur gerechtfertigt werden, wenn Arrapachitis das an Babylon zunächst gränzende Assyrien bezeichnete. Ich glaube daher, dass ârbâh verglichen werden muss mit Ἄρβηλα, mit dem Theile Assyriens, der auch Arbelitis genannt wird und um das jetzige Erbil zu setzen ist. Τὰ μὲν οὖν Ἄρβηλα τῆς Βαβυλωνίας ὑπάρχει, ἅ κατ' αὐτήν ἐστι *).

Wir hätten hier ein h für das l, welches gewiss dem einheimischen Namen wurzelhaft war und dieses bestätigt mich in babisʿusʿ das sʿ für einen Ersatz des medialen l, wie hier h für das finale, zu nehmen. Denn ich schliesse aus h, dass die Perser das l durch einen gutturalen Buchstaben ersetzten **), das sʿ gränzte aber im Altpersischen an die gutturale Reihe und ist darin übergegangen, wie Khuzistân für sʿusan beweist; wir werden später noch ein stärkeres Beispiel dafür finden. Es scheint also kein Widerspruch darin zu liegen, dass h am Ende die Rolle vertreten kann, die sʿ im Innern der Wörter hat.

Es folgt: 𒀭 𒅆 𒆷 𒂊 𒀭 𒀸

Zwischen diesem und dem vorhergehenden Worte hat Niebuhr eine kleine Lücke, worin der Worttheiler stand. Porter hat diesen, der wohl noch durchschimmerte, ergänzt.

---

*) Strabo XVI. Assyr. §. 3.

**) Es erklärt sich mir auch daher, wie das Indische bâhlî-ka und das Zendische bâgʿdî, Bactria derselbe Name seyn kann. Die Indier stellen bâhlîka neben pâraçîka. S. de Pentap. Indic. p. 61. —

In diesem Namen sind die Buchstaben â-urâ bekannt, â ist die Endung entweder eines Faem. in Singul. oder ein Nom. Plur. Masc., indem, wie im Sanskrit, der Name des Volkes im Plural für das Land gesetzt ist; ich ziehe letzteres vor.

Das noch unbekannte Zeichen 𐎠 hat Grotefend durch i, St. Martin durch h erklärt, unterscheidet aber davon unser h, 𐎠, als ê. Da beide in den letzten Ausgaben ihrer Alphabete 𐎠 und 𐎠 unterscheiden, brauche ich nicht zu beweisen, dass sie wirklich verschieden sind und dass es nur ein Fehler ist, wenn Porter in der Inschrift von Murghab in dem Nom. des Wortes König, wo ein 𐎠 constant ist, ein 𐎠 dafür setzt. Worauf Grotefend's i sich gründet, weiss ich nicht anzugeben.

Die Bestimmung des 𐎠 ist eine der schwierigsten, und wir müssen uns erlauben, etwas weiter dabei auszuhohlen.

𐎠 ist der erste Buchstabe in dem Worte, worin ich die Sattagyden des Herodots erkenne; unten Z. 17. Dann steht es nach dem r in dem Namen der Parther, wo die Griechen θ, die Indier (pârada *)) d geben.

In dem vorliegenden Namen, den ich unbedenklich für den Assyriens halte, geben uns die Griechen σσ, die Hebräer ein שׁ, in אשור, wofür die Syrer und Chaldäer nach dem Lautgesetz ihrer Mundart t setzten.

---

*) De Pent. Indic. p. 61.

Wir haben also in verschiedenen Umschreibungen dieser Namen ein σσ, s‘, ϑ, d.

Nun geben ferner bestimmte Zeugnisse t als den einheimischen Laut unseres Wortes. Dio Cassius LXVIII, 28. καί που καὶ 'Ατυρία διὰ τοῦτο βαρβαριστὶ τῶν Σίγμα ἐς τὸ Ταῦ μεταπεσόντων ἐκλήϑη. Die Angabe ist etwas lächerlich gestellt; die Barbaren hätten am Ende von den Griechen lernen sollen, wie ihre Wörter auszusprechen seyen. Das Zeugniss bleibt aber dasselbe: dass die Einheimischen ein t im Namen Assyriens sprachen.

Und dieses Zeugniss gilt gerade von dem Theile Assyriens im weitern Sinne, der hier erwähnt ist und nordwestlich an Arbela gränzte; Strabo *) stimmt völlig mit der Inschrift, wie wir sie eben erklärten: ἡ δ' 'Ατουρία τοῖς περὶ ῎Αρβηλα τόποις ὅμορός ἐστι, μεταξὺ ἔχουσα τὸν Λύκον ποταμόν. — ἐν δὲ τῇ περαίᾳ τοῦ Λύκου τὰ τῆς 'Ατουρίας πεδία τῇ Νίνῳ περίκειται. 'Εν δὲ τῇ 'Ατουρίᾳ ἐστὶ Γαυγάμηλα κώμη κ. τ. λ.

Also gerade, wie unsere Inschrift ein Aturia neben arbâh oder Arbela. In Uebereinstimmung mit dem Gebrauch der Perser scheint also dieses Aturia das ursprüngliche Assyrien gewesen zu seyn, von wo aus der Name sich über die angränzenden ursprünglich verschieden benannten Länder bald im engern, bald im weitern Umkreise erstreckte.

Zu dem s‘, σσ, ϑ, d gesellt sich also noch ein t.

---

*) XVI, 52. Assyr.

— 73 —

Dass der Altpersische Buchstabe alle diese Aussprachen zugelassen haben sollte, ist nicht wahrscheinlich. Man muss nur unter den obigen eine auswählen, aus der die übrigen sich erklären. Das d als zu weit abliegend, hat nicht viel Gewicht, da die Parther bei den Griechen ihr ϑ stets vertheidigten; das ss in Assyria führt auf ein s', welches die Griechen nicht hatten und daher in der Mitte σσ, im Anfange blos σ dafür setzten. Es bleibt also eigentlich nur die Wahl zwischen s' und ϑ = t'. Nun haben wir aber schon ein s', nämlich ►⟨⟨, demnach bliebe t'. Die Hebräer könnten den Namen von den Syrern überkommen und hier, wie sie es in andern Wörtern gewohnt waren, s' für t gesetzt haben. Sehr lispelnd ausgesprochen könnte t' den Griechen wie ς geklungen haben und t in Aturia ist auf jeden Fall eine ungeschickte härtere Aussprache, die nicht die einheimische Assyrische oder wenigstens nicht die des Persischen 𒅖 gewesen seyn wird.

Nun haben wir aber ein anderes t' in der Keilschrift und die Geltung t' für 𒅖 passt auf andere Wörter nicht.

I. 24. steht 𒀭 𒀭 𒅖 ►𒅆 ◄ Ihm geht voran imâm, es ist also ein Accus. Sing. Faem. eines Consonantischen Themas auf 𒅖, dieses wird aber jeder von selbst vergleichen mit dem Zendischen viç; die Bedeutung Wohnung passt zu vortrefflich auf die Stellen unserer Inschriften, wo es vorkommt, als dass die Richtigkeit der Vergleichung zweifelhaft wäre. Im Sanskrit hat die Wurzel viç, wie das gleichlautende Substantiv, ein kurzes i, so die Keilschrift. Hr. Burnouf *) hat nun nachgewiesen, dass dieses Zendwort in einigen Casus die tenuis ç in die media ç̧, d. h. das Französische j, verwandelt. Der Dativ Plur. macht vîç̧ibyô, woraus sich der Instr. Plur. vîç̧ibîs ergiebt. Ganz genau diese Form haben wir H. 14. wenn 𒆠 = ç̧ ist, nämlich viç̧ibis, die kurzen i für das Zendische î und s˘ für s sind uns schon oben vorgekommen. Der Accus. viç̧am beweist ein Thema viç̧ und das Altpersische wird durchgängig ç in diesem Worte in ç̧ verwandelt haben.

Diese Geltung passt auch auf das Wort, welches öfters nach Achämenidisch steht. I. 5. 18. A. 16. H. 5. 12. L. B. 9. 𒆠 𒀸 𒁹 𒐊 𒆠 ç̧âti^ah, Indisch gâtyah, edelgeboren. Das Zd. verwandelt das Indische g theils in z, theils in ç̧; ferner stehen azi und aç̧i neben einander im Zd. wie im Neupersischen ج und z und es ist bloss zufällig, wenn nicht ç̧âta neben zâta für das Indische gâta, Neupersische زاده, zâdeh, im Zd. vorkommt. Es passt weiter diese Geltung auf ein Wort im Anfange der Inschrift H. welches mit dem folgenden componirt, und daher ohne Endung ist. Lesen wir abermals 𒆠 als ç̧, haben wir ma^ç̧ist^a, das Zendwort mazista, maximus, also wieder ç̧ für z. Da das Zend nun das No-

---

*) Observ. p. 48.

men maçô, Grösse, mit ç schreibt, ist in dem Altp. Worte eben derselbe Wechsel, wie zwischen ç u. ʒ̧ in viç und viʒ̧ibis̀, = vîʒ̧ibîs.

In einem Le Brun'schen Fragmente *) findet sich 𐎨 zweimal; ich setze es her und behandele es jetzt schon im Zusammenhange, da uns alle die Buchstaben bekannt sind, auf die es uns hier ankommt:

𒀭 𒂎 𒀭 𒁺 𒀸 𒀭 𒃴 𒑱 𒀭 𐎨 𐎨𒌋 𒀭 𒃴 𒑱 𒀭 𒀭 𒂎 𐎨 𒁺 𐎨𒀸 𐎨 𒊩 𐎨 𒑱 𒃴 𒑱 𐎨 𒀭 𒑱 𒀭 𒀭 𐎨 𒀭 𐎨 𒀭 𒑱 𒁺 𒂎 𒀸 —

Das erste Wort liest sich ârd^{a}çatân. Es ist gewiss ein Accus. Plur. eines Wortes auf a; ârda kann das Indische ard'a, halb, seyn und da çata hundert ist, scheint diese Lesung sicherer zu seyn, als etwa çtân, stehend, befindlich, anzunehmen. çta ist sonst im Altp. und Zd. für das Indische st'â. S. H. 8. 13. ârd^{a}çatân bezieht sich offenbar als Adjectiv auf das folgende Wort, welches âʒ̧^{a}gin zu lesen ist; das g kann ich erst später beweisen. Man könnte aus der Endung in für den Accus. Plur. den Werth eines langen i für 𒀭 ableiten wollen, nach dem Skt. în; da aber i sonst nicht passt und das Zend im Accus. Plur. ã̃ (añ) für ân hat, (auf n habe ich den Zd. Accus. Plur. nicht entdecken können von Wörtern auf i), so ist nicht unwahrscheinlich, dass Wörter auf i im Altp. ihren Accus. Plur. auf kurzes in bilden. Das Thema wäre also âʒ̧^{a}gi; was bedeu-

---

*) Le Brun No. 134. erste Zeile.

tet aber das Wort? Da 𒅗 für das Zendische z und ç steht, diese aber für das Indische g, g' und h stehen, so liegt es nahe, das entsprechende Wort im Skt. unter âg' zu suchen und आजि, âg'i scheint hieher zu gehören: Schlacht. Nur ist die Ableitung nicht ganz klar; ist die Wurzel ag', proiicere, so ist das Altpersische Wort (wenn die Vergleichung richtig ist) eine reduplicirte Form, wie in den Indischen Aoristen; ist âg'i von der Wurzel g'i, vincere, so ist âçagi eine Reduplication mit a statt i und man könnte bis auf diesen Unterschied g'igîs'u, wünschend zu siegen, in Beziehung auf die Verwandlung des wurzelhaften g' in g, damit zusammenhalten; â wäre dann die Präposition. Bei den wenigen Texten von Altpersicher Sprache weiss ich nicht, welche Vermuthung sich am besten vertheidigen lässt. In dârh^{a}waus hat Le Brun für ➤𒌋 nur ➤𒊹 gegeben. Das folgende Wort, welches neben dem gewöhnlichen Worte für König, in einigen Inschriften dessen Stelle vertritt und dasselbe bedeutet, wird im Genitiv richtiger geschrieben: 𒂊 𒅗 𒂊 𒅗 𒀭 L. B. 9. Le Brun hat hier das erste 𒅗 übersehen und 𒂊 verstümmelt. Ich komme später auf dieses Wort zurück und übersetze es hier durch regis. Das folgende liest sich d^{a}d^{a}çihâ und scheint Genitiv eines Wortes auf i; denn wir werden sehen, dass die auf i^a im Gen. 𒀭 𒂊 𒅗 𒀭 ia͞nghâ haben. d^{a}d^{a}çi muss aber das Wort seyn, welches die Accus. regiert, daher ein Particip. Da wir nun aber schon in viȝibis' das Beispiel des Bindevocals i bei consonantischen Themen hatten, so ist das Thema eher dᵃdᵃȝ. Wäre nun 𐎫 = tʿ, so gäbe dᵃdᵃtʿ das Particip Präs. von dʿâ, dadʿâti, setzen, oder dâ, dadâti, geben. Im Zd. verwandelt dadʿwas (dadʿwâo, Nom.) sein dʿ in tʿ: datʿusʿô, Gen. wie vîtʿusʿî Faem. ist von vîdʿ-was, wissend *). Aber es ist nicht die Participial-Form vas, und eher ist das Zendische dat, Dat. dèñtê, in fradèñtê, zu vergleichen; es wäre aber im Altp. reduplicirt, wie im Skt. dadat, dadʿat; und diese Form wird es seyn, nur ist die Frage, ob hier 𐎫 = ȝ ist und eine Verwandlung des t, oder ob es zu lesen ist tʿ und ob dieses im Altp. für t eintreten kann? Da nun tʿ sich nachher finden wird **) und gerade mit der Function des tʿ, welches Verbis im Zend angefügt wird, so ist 𐎫 auch hier in der obigen Geltung für ȝ zu nehmen und eine Verwandlung für t, deren Gesetz sich wird nachweisen lassen. Ganz ähnlich ist im Zend die Verbindung zwischen çnaodʿa, Schnee mit çnaê-ȝât, es schneie. V. S. p. 130. Das letzte Wort

---

*) Yaç. p. 363.

**) tʿ ist im Zend ohnehin ein kaum zulässiger Wort-Anfang. S. Burn. Yaç. 509. 510. Dann scheint das Zendische und Altp. tʿ von den Griechen vorzüglich als ϑ oder τ gefasst worden zu seyn, nicht als σ, wie 𐎫 in Sattagyde, Assyria. Vgl. Mithras u. Atrôpatena von âtrô, des Feuers.

ist nicht vollständig: es ist ohne Zweifel das sonst vorkommende 𒃰 𒂵 𒂵𒅆 kᵃrtᵃ, Burg, und 𒂵 für 𒂵 ein Fehler Le Bruns. S. A. 18. 15. 25. Ich vermuthe also: quinquaginta praelia Darii regis edentis (palatium —.

Dieses Fragment lässt sehr bedauern, dass die Inschrift nicht in die Hände eines mehr ausdauernden Abschreibers gefallen ist.

Es bleibt noch ein Wort übrig, in welchem 𒁹𒅆 vorkommt. Dieses ist das so oft vorkommende Wort für König 𒈗 𒍝 𒅎 𒀀 𒁹𒅆 𒅆 𒀀 im Nom. I. 1. 2. 19. A. 7. B. 2 etc. Ich habe oben *) gesagt, dass ich die Wurzel von kʿsatra im Zend und also von ksatra im Skt. nicht für ksad halten kann. Wenn wir vergleichen, dass ursprüngliches â als Endbuchstabe einer Wurzel sich verkürzt und n annimmt, wie in kʿâta, gegraben, von kʿâ, später kʿan, gʿata (für gʿnâta **), gnatus, gebohren) von gʿâ, später gʿan, so drängt sich die Vermuthung auf, dass ksatra von einer verkürzten Wurzel ksâ, woraus das spätere ksʿan, tödten, woher bekriegen, herstamme; diese Wurzel ist nun Altpersisch; denn kʿsâhζiᵃh führt auf eine Wurzel kʿsâ, das h ist euphonisch und ζia Affix. Da ich nun eben glaube einen Uebergang des Altp. t in ζ nachgewiesen zu haben, so muss die-

---

*) S. S. 24.
**) gʿnâ ist geblieben in der Bedeutung: erkennen, gʿnâta, gnotus; das Erkennen war diesen Völkern ursprünglich ein Zeugen.

ses Affix identisch seyn mit dem ti^a in ζâti^a, mit dem tya im Zend. dâit'ya, dâitîm, V. S. 109. hâitîm - hâit'ya. Yaçn. p. 94. Da dieses Affix im Zend das t in t' verwandelt, so oft der folgende Halbvocal sich als solcher behauptet, so muss der Grund des Ueberganges von tia in ζia im Altp. wahrscheinlich in einem frühern Uebergang des t in das lispelnde t' = ϑ gesucht werden. In ζâti^a verhindert wohl das radicale ζ diesen Wechsel.

Ich glaube also dieses Ergebniss aufstellen zu können:

1))((ist dem Laute nach das Zendische ζ, das Französische j, das Neupersische ǰ.

2) Es hat grammatisch die Geltung des Zendischen z in einigen Fällen, in andern die des ζ und kann auch eintreten für ein Zendisches t' *). Im Skt. sind die entsprechenden Buchstaben g', ज, h, ए, und g, π.

3))((ist von den Griechen, die den Laut nicht hatten, in der ältern Zeit durch σ, σσ, (Assyria, Sattagydae) und nach r durch ϑ wiedergegeben worden (Παρϑία). Die Hebräer setzten dafür ein Schin, aus dem sich das t in Aturia bei den spätern Griechen durch die Chaldäische Aussprache des Schin erklärt. —

Ich lese also âζurâ, Assyrien.

Nach diesem Worte setzt Porter als ein eige-

---

*) Verwandt ist wohl der Uebergang des Zendischen t' in Neupersisches s, put'ra = puser.

nes Wort 𒂽 𒈨 ◣ râ. Da aber Niebuhr gar
keine Spur hiervon hat, so hat Porter wohl nur
die Endsylbe des vorhergehenden Wortes aus Versehen wiederhohlt.

Bei dem nächsten Worte ist eine Schwierigkeit durch die Verstümmelung des Monuments.
Niebuhr giebt: 𒂽← ⟨𒈨 𒈨 𒂽 𒈨 ⟩← 𒈨 [   ].
In seiner Lücke, die bei Porter vollständig geworden ist, stand ohne Zweifel der Worttheiler und
wie es scheint, auch noch ein Keil ▼. Dadurch
wird 𒈨 ein 𒈩, das d ein â. Auch scheint râhâ
eine annehmbarere Endung, als râhd.

In dem vorhergehenden widersprechen sich
Niebuhr und Porter; der erstere giebt die
obigen Zeichen; der letztere setzt vor r ein ⟨𒈨,
u, und hat dann eine Lücke zwischen seinem
vorhergehenden râ und diesem u. Ich stelle beides neben einander:

          Niebuhr: 𒂽← ⟨𒈨 𒈨
   Porter: 𒂽 𒈨 ◣ [   ] ⟨𒈨

Da nun aber Porter eine Lücke vorfand, die
zu Niebuhrs Zeit nicht da war und überhaupt
nicht seines Vorgängers Genauigkeit erreicht; da
er hier zumal sich unter den erloschenen Zügen
so verwirrt hat, das er die letzte Sylbe des vorhergehenden Wortes in die Lücke hineingelesen
hat, so müssen wir dem Niebuhr unbedingt folgen. Porter hat offenbar auch Niebuhrs ⟨𒈨 𒈨
in ein einziges Zeichen ⟨𒈨 zusammengezogen. Nur
eine neue Untersuchung des Originals kann jedoch
volle Sicherheit gewähren.

— 81 —

Die bekannten Zeichen geben: - udrâhâ, das erste ist nicht nur unbekannt, sondern auch ein ἅπαξ λεγόμενον. Grotefend setzt dafür zweifelnd k an, ich bezweifele dieses, da ich ein sicheres k kenne. Das umgekehrte unseres Characters, ⊱⟨⋸, ist ein g'. Ein ganz ähnliches ist aber ⟨⋹ oder g̓, wovon unten.

Welchen Weg sollen wir nun einschlagen, um ⋹⟨⊰ zu bestimmen? Es giebt zwei.

Erstens werden wir nachher sehen, dass von Consonanten (und ein solcher muss unser Buchstabe seyn) uns nur das s und initiale y fehlen, wenn es überhaupt ein drittes s im Altpersischen gab. Wir hätten also zwischen diesen zu wählen.

Zweitens. Da Assyrien vorhergeht und Armenien und Cappadocien folgen, so wollen wir einen Völkernamen aufsuchen, welcher der Gränze jener beiden Länder angehört, um etwa dadurch eine Aufklärung zu gewinnen.

Es bieten sich zunächst die Kurden dar, das Land Gordyene: πρὸς δὲ τῷ Τίγρει τὰ τῶν Γορδυαίων χωρία, οὓς οἱ πάλαι Καρδούχους ἔλεγον*). Wäre das erste ein g oder k, so scheint gudrâhâ, kudrâhâ eine Aehnlichkeit darzubieten. h wäre = χ, ρδ = dr, die Vocale aber auch um-

---

*) Strabo XVI. Assyr. §. 24. Wahrscheinlich bedeutete das Wort im Altp. Räuber: Καλοῦνται δ᾽ οὗτοι Κάρδακες, ἀπὸ κλοπείας τρεφόμενοι. Strabo XV. Persis. §. 18.

gestellt. Freilich bietet sowohl Gordyene, als das neuere Kurd ein o-u in der ersten Sylbe dar. Weiter sagt Strabo von Atropatene (XI. Med. §§. 2. 3.): es liege östlich von Armenien und Matiane, westlich von Gross-Medien, nördlich von beiden; vom nördlichsten Theile heisst es, sie sey Καδουσίων κατοικία τῶν ὀρεινῶν, καὶ Ἀμάρδων, καὶ Ταπύρων, καὶ ἄλλων τοιούτων, οἱ μετανάσται εἰσὶ καὶ λῃστρικοί. καὶ γὰρ ὁ Ζάγρος, καὶ ὁ Νιφάτης κατεσπαρμένα ἔχουσι τὰ ἔθνα ταῦτα. καὶ οἱ ἐν τῇ Περσίδι Κύρτιοι — καὶ οἱ ἐν τῇ Ἀρμενίᾳ μέχρι νῦν ὁμωνύμως προσαγορευόμενοι, τῆς αὐτῆς εἰσὶν ἰδέας.

Die Kadusier führen zu weit gegen das caspische Meer hin und gleichen zu wenig im Namen, die Kyrtier, die auch in Armenien am Berge Niphates sassen, würden eine passendere Vergleichung darbieten, wenn es nicht eben wieder eine andere Benennung für die Kurden wäre. Denn der Niphates ist eben ein Theil des Gordyenischen Gebirges, dessen südliche Fortsetzung der Zagros ist.

Da wir ein Volk suchen, welches zwischen Armenien und Assyrien sass, so passt keines so gut, wie die Kurden, deren Stämme gerade auf dem Scheide-Gebirge beider Länder hausten und unter verschiedenen Namen als Karduchen, Gordyäer, Kyrtier, erscheinen. Ja, wahrscheinlich sind die Marder, Tapurer, Kadusier auch nur andere Stämme desselben Volkes, welches so weit herumstreifte.

Unser Name passt auf dieses Volk, sobald das erste Zeichen ein g‘ oder eine Variante des ⟨𐎹 durch Umstellung des ⟨ seyn kann, und die Versetzung von d r in r d zugelassen wird. Bei Herodot müsste man den Namen entweder in der 17ten Satrapie der Matiener, Sapirer und Alarodier suchen; oder in der 13ten der Πακτυϊκῆς δὲ, καὶ Ἀρμενίων καὶ τῶν προσεχέων μέχρι τοῦ πόντου τοῦ Εὐξείνου *), suchen. Die 17te erstreckt sich offenbar von der Ostseite Armeniens von Matiane an bis an den Araxes hinauf; die 13te umfasst Armenien und die Völker in nordwestlicher Richtung bis an den Pontus. Wenn das sonst in dieser Richtung unbekannte Pactyica richtige Lesart ist, müsste es nach der Art der Erwähnung dieselbe Lage mit Gordyene haben. Da aber die Pactyes ein Volk des östlichen Persiens sind **), scheint die Lesart sehr verdächtig. Rennel ***) sieht sich genöthigt, um doch etwas anzunehmen, die jetzigen Bakhtiaris in Persis, in den alten Sitzen der Uxier, hieher zu ziehen, aber sehr unwahrscheinlich.

Herodot erwähnte wahrscheinlich statt Paktyika des Volkes der Kurden und wenn ich befragt würde, unter welchem Namen, würde ich antworten: unter dem der Chaldäer. VII, 63, Ἀσσύριοι, τουτέων δὲ μεταξὺ Χαλδαῖοι. Ich meine

---

*) III. 93.
**) Herodot IV. 44. III. 102.
***) P. 270.

damit natürlich die nördlichen Chaldäer, die Xenophon im Armenischen Gebirge fand *).

Ja, dieser Name möchte am besten auf unsere Stelle passen, wenn sie gudrâhâ zu lesen ist; das l musste im Altp. vertauscht werden. Um sicherer hierüber zu sprechen, warte ich eine neue Einsicht des Originals ab.

Es folgt: 𒅈 𒂊 𒅗 𒉌 𒀭.

Der Anfang âr, das Ende n lässt Armenien in dieser Stelle errathen. 𒉌 kennen wir als i und 𒅗 scheint dem 𒅗, h, gleich zu seyn; dafür haben es auch Grotefend und St. Martin genommen.

Nun finde ich aber 𒅗 immer nur in Verbindung mit 𒉌 und zwar in den Namen so, dass ein m erfordert wird. Ich berufe mich auf den obigen Namen und auf Chorasmien Z. 16-17. wo 𒅗 𒉌 𒅗 nach dem z steht, für welches die Griechen ς setzten.

Auch scheint m auf die Appellativa zu passen; ich rede nicht von H. 19., wo Porter die Lesart zweifelhaft macht. Ein anderes Wort steht A. 12. L. B. 8. wo nur Le Brun gegen Niebuhrs und Porters Auctorität ein 𒀸 für 𒌓 setzt; also u oder g. Das Wort selbst ist ein Genitiv Faem., der regiert wird von dem Worte König, es folgt darauf: w^{a}z^{a}rkâhâ, der grossen. Es ist dieses: 𒂊 𒌓 𒅗 𒉌 𒅗 𒅈 𒀭.

---

*) Anab. IV. 3. 4,

Vorher geht das Wort â ᵃ n͡g h â h â, welches ich vorgeschlagen habe durch seyend zu erklären *). Es müsste also ein Wort seyn, was Erde bedeutet. Dieses Wort hätten wir, wenn wir das mittlere für m nehmen dürften: bumihâ würde das Indische bûmi bis auf den Unterschied des Vocals seyn. Ja, da sich u und û sehr nahe stehen, ist es die Frage, ob nicht A. 12. û gelesen werden kann. Le Brun lässt die diakrischen Keile ganz weg und setzt 〈𝍶 für u.

Hieraus geht mir mit Sicherheit hervor, dass in 𐎣 ein m enthalten ist. Da nun aber immer ein 𐎹 darauf folgt, muss dieses damit in Verbindung stehen. Ob auch dasselbe vor u statt findet, darüber geben unsere Texte keine Aufklärung.

Es scheint mir, dass in 𐎣 𐎹 zuerst 𐎣, h, liegt, dann ist von ►𐎹 der Querkeil dem h angefügt, das i vollständig.

Ich suchte oben die Schreibart thmiʰᵃ, als eine Andeutung des dem m vorangehenden a zu erklären, weil 〈𐏓〈 nicht in der Mitte erscheinen könne, ohne den Laut ñg zu bezeichnen. Diese Erklärung passt nicht hieher, denn man kann nicht in Verlegenheit kommen, bmihâ zu sprechen, da bu ausdrücklich da steht. Hat also hier 𐎣 wirklich die Function, nicht sowohl sylbentrennend zu seyn, als wirklich selbst einen kurzen Vocal zu bezeichnen, etwa das

---

*) S. oben S. 55.

Zendische ě? Doch diesem widerstrebt auch bumihâ. qârazamiah lässt die Erklärung zu und âramin würde nicht dagegen seyn.

Ich stosse hier auf eine Dunkelheit in dem Systeme dieses Alphabets, die ich nicht lösen kann. Ich weiss wohl, dass im Zend hm eine Ligatur bildet; diese wird aber gleichbedeutend neben dem getrennten h m gebraucht, so steht Vend. Frgd. 2. im Anfange kahmâi bei Olshausen mit der Ligatur, bei Burnouf mit getrennten Zeichen, während unser h m nie mit getrenntem h-m wechselt. Im Zend ist es nur eine andere Art zu schreiben; in der Keilschrift hängt eine eigenthümliche Erscheinung des Lautsystems damit zusammen. Denn 𐎷 𐎶 steht an andern Stellen getrennt und 𐎷 scheint dann immer wesentlich zu seyn, während es hier nur als eine Schattirung im Laute des m bezeichnend, sich darstellt.

Da m in den Fällen, wo 𐎷 vorkommt, der vorwaltende Laut seyn muss, will ich es zum Unterschiede mit ʿm bezeichnen.

ârʿmin wird ein Nominativ seyn, dem, wie sonst den Consonanten im Altp., das s fehlt. Man könnte auch âramin lesen, wenn ein genügender Grund dazu vorhanden wäre. Strabo unter den ältern, unter den neuern zum Theil Michaëlis *) haben das Wort mit aram in Verbindung gebracht und nach Moses von Chorene soll Aram einer der Stammväter der Armenier gewesen

---

*) Spicileg. II. 120.

seyn, nach dem die fremden Völker das Land so benannt hätten. Regionem nostram nominaverunt Graeci Armeniam, Syri et Persae Armenich *). Der Stammvater Aram wird ihnen wohl mit der Gelehrsamkeit nach Einführung des Christenthums gekommen seyn. Dass die Griechen Armenier sagten, bezeugt schon Herodot; aber ob der Name **Syrisch** oder **Persisch** sey, wäre gerade, was zu wissen nöthig ist, um ihn zu erklären. Wenn der Zendname sich nachweisen lässt, wird er wohl die beste Aufklärung geben; dem Anscheine nach liegt darin der alte historische Kern des Namens der **Arier**, der âryas, zu deren Sprachgebiet die Armenier entschieden gehören **).

Das nächste ist: 𒆳 𒂊𒉌 𒀭 𒉌 𒀸 𒆳 𒀸

Für das erste und letzte Zeichen passt nur die Bedeutung k; ich führre nur an, dass es so vorkommt in çakâ I. 18. in k^{a}rtam, Pallast, A. 18. 20. in kârâ I. 8. ministri, Skt. कार, kâra. Die Vermuthung, es sey gleichbedeutend mit 𒆳 gründet sich nur auf Le Brun's Fehler. Es versteht sich von selbst, dass durch das Verwischtwerden eines Querstrichs aus einem ç ein k werden kann; an und für sich ist auch der kleinste Keil nicht gleichgültig und es sind nur wenige Fälle, dass ein kleiner Keil seine Stelle etwas verschieben darf.

---

*) Siehe Mich. a. a. O. p. 123.
**) Ind. Bibl. III. S. 70.

Das 𐎱𐎠- stellt sich ebenso sicher als tʿ heraus in den Verben pâtʿaqa A. 23. H. 16. L. B. 15. beschütze. bᵃrtʿaqᵃ, H. 14. nimm, trage; dâtʿaqᵃ L. B. 12. gieb, udâtʿaqa H. 23. bringe hervor. Da die Wurzeln hier im Skt keinen Zusatz haben und pâ-dâ(dʿâ)-bʿri (Guna bʿar.) lauten, so muss der angefügte Dentale das Zendische tʿ seyn, wie in frîtʿ aus frî, Skt. prî, datʿ aus dâ *). In udâtʿaqᵃ, gehört u der Präpos. ud = ut, die den letzten Consonanten eingebüsst hat. Das Altp. verwandelt also hier nicht, wie das Zend, den ersten zweier Dentalen in einen Sibilanten (uz), sondern wirft einen ab; das Skt. würde uddâ sagen. Die Endung der obigen Verba ist im Skt. sva, 2. sing. imperat. med. im Zend (hva = ṅghva=) ṅguha, was ich nach Burnouf's Erörterungen für ausgemacht halte.

Unser Wort ist also kᵃtpatʿuk, Cappadocien, gerade das Land, welches nach Armenien kommen musste. Wir dürfen diese Form für die ächte, einheimische halten; das ππ ist eine leicht erklärliche Assimilation. Das tʿ steht zwischen zwei Vocalen, wie im Zend. Die Perser sollen die Cappadocier die weissen Syrer genannt haben; wie lautete aber das Wort? Das obige wird es nicht seyn.

Herodot erwähnt nicht die Cappadocier unter diesem Namen im Verzeichniss der Satrapien,

---

*) S. Burn. Y. 556. 595. Rec. von Fr. Windischmann, Jen. Allgem. L. Z.

aber es ist erwiesen, dass die Syrer seiner 5ten Satrapie die Cappadocier sind *). Da nun hier die Völker einzeln aufgezählt werden, und die Phryger, ein anderes grosses Volk dieser Satrapie, nicht aufgezählt sind, so ist es klar, dass unsere Inschrift nicht die Eintheilung jenes Verzeichnisses befolgt.

katpatʿuk ist wieder ein consonantisches Thema ohne Zeichen des Nominativs.

Es folgt: 〈𒀹 𒀹 𒀹 𒀹 𒀹〉 çᵃpᵃrd.

Niebuhr und Porter geben beide das d am Ende, ich bemerke dieses, weil das d im Herodotischen Namen fehlt. III. 94. Ματιηνοῖσι δὲ, καὶ Σασπέροι, καὶ Ἀλαροδίοισι διηκόσια ἐπετέτακτο τάλαντα. Es war die 18te Satrapie. VII. 79. steht aber Σάπειρες, also ganz unser Wort bis auf das finale d. Wir werden auch in çᵃpᵃrd einen Nominativ ohne s erkennen.

Rennel hat genügend gezeigt, dass die 18te Satrapie nordöstlich an Armenien gränzte, nach Herodot's eigenem Ausdrucke waren die Sapeires zwischen Colchis und Medien. Die beiden übrigen Völker kennt unsere Inschrift nicht.

Das nächste Wort ist leichter zu lesen, als zu erklären: 〈𒀹 𒀹 𒀹 𒀹 𒀹〉 hunâ, ein Nom. Plur. des Völkernamens.

Wie kommen Hunnen in dieser Zeit, in diese Gegend? Wir haben natürlich nicht an die spä-

---

*) Rennel p. 238.

tern Hunnen zu denken, weder an die Attilas, noch an die Beherrscher des Indus zur Zeit des Cosmas, oder an die Nephthalitischen des östlichen Persiens späterer Zeit. Die unsrigen sind an Alter weit ehrwürdiger.

Setzen wir erst die Lage fest. Cappadocien, Armenien, die Sapiren bilden einen Gürtel beinahe vom Schwarzen bis an das Kaspische Meer. In Norden reichte die Herrschaft der Achämeniden nur bis an die Vorstufen des südlichen Caucasus. Herod. III. 97.: Κόλχοι δὲ ἐτάζοντο ἐς τὴν δωρεὴν καὶ οἱ προσεχέες μέχρι τοῦ Καυκάσιος οὔρεος. ἐς τοῦτο γὰρ τὸ οὖρος ὑπὸ Πέρσῃσι ἄρχεται. τὰ δὲ πρὸς βορῆν ἄνεμον τοῦ Καυκάσιος Περσέων οὐδὲν ἔτι φροντίζει. Die Colchier brachten Gaben, keinen Tribut, und können nicht gemeint seyn, da die Inschrift ein Wort hat, welches sehr bestimmt tributum, impositum, bezeichnet.

Also sind unsere Hunas südlich vom Caucasus und den Colchiern zu suchen und es bleibt nur der Strich übrig, der von der südlichen Ecke des schwarzen Meeres, vom Lande der Lazen, sich hinaufzieht bis an die nordwestlichen Gebirge Armeniens, wo die Quellen des Araxes und Euphrats sich beinahe berühren. Hier war Herodots 19te Satrapie, die aus den Μόσχοισι δὲ, καὶ Τιβαρηνοῖσι, καὶ Μακρῶσι, καὶ Μοσσυνοίκοισι, καὶ Μαροὶ bestand, lauter verschiedene Namen. Die Perser scheinen diese Völker unter dem Namen Huna zusammenzufassen.

Die Tibarener und Moscher sind bekanntlich

die Thubal und Meschech der Schrift*); diese erklären nun die Talmudisten durch Hunnen **). Da unsere Inschrift gewiss von der Verbreitung der Hunnen nichts wissen konnte, so gewinnt die Erklärung der Talmudisten einen ganz andern Werth, als sie früher hatte, obwohl es mir nicht sehr denkbar scheint, dass gerade die Verbreitung der Hunnen über das östliche Persien gegen Indien hin oder auch nach dem Don und von da über Europa sie veranlasst haben könne, einem Volke in einer Ecke des schwarzen Meeres diese Benennung zu geben.

Ich glaube aber, dass wir die Hunnen in dieser Gegend in so alten Zeiten auch noch historisch nachweisen können. Die Perser nannten mit einem allgemeinen Namen die Nomaden des Turans Sakae, so auch die Indier ***). Die Griechen Skythen. Beide Benennungen werden aber von einem einzelnen dieser Völker hergeleitet seyn. Niebuhr, der Sohn, hat es schon von den Skythen behauptet †). Ebenso wurde Hunnen nachher ein allgemeiner Name, war aber ursprünglich gewiss der eines einzelnen nomadischen Volkes des innern Asiens. Also können Hunnen, die wirklich so hiessen, in der ältern Zeit sehr wohl von den Persern unter dem Namen Saker

---

*) Michaël. Spicil. I. 47.
**) Mich. a. a. O.
***) De Pentap. Ind. p. 57. 61. Herodot. VII. 64.
†) Kleine historische Schriften I. 353.

mit einbegriffen gewesen seyn. Ich trage daher kein Bedenken, die in sehr alter Zeit gerade in diese Gegenden eingewanderten Saker für die Hunnen unserer Inschrift zu halten. Die Perser werden sie beides, mit dem speciellen Namen Huna, mit dem allgemeinen Saka genannt haben. Strabo XI. Scyth. §. 4. Tzsch. Σάκαι μέντοι παραπλησίας ἐφόδους ἐποιήσαντο τοῖς Κιμμερίοις καὶ Τρήρεσι. τὰς μὲν, μακροτέρας, τὰς δὲ, καὶ ἐγγύθεν. καὶ γὰρ τὴν Βακτριανὴν κατέσχον, καὶ τῆς Ἀρμενίας κατεκτήσαντο τὴν ἀρίστην γῆν· ἣν καὶ ἐπώνυμον ἑαυτῶν κατέλιπον τὴν Σακασήνην· καὶ μέχρι Καππαδοκῶν, καὶ μάλιστα τῶν πρὸς Εὐξείνῳ, οὓς Ποντικοὺς νῦν καλοῦσι, προῆλθον.

Ich übergehe die folgende Erzählung; welcher der beiden von Strabo erwähnten Sagen man aber auch den Vorzug gebe, so viel lässt sich daraus entnehmen, dass diese Sakae schon zu Cyrus Zeit den Zug gemacht hatten und dass sie Persische Götter verehrten.

Auch Plinius, Arrian, Ptolemaeus erwähnen diese Sakae *); ihre Wohnsitze fallen gerade in die Moschischen Gebirge und in das Quell-Land der südlichen Zuflüsse des Cyrus, in die Nähe der Thubal und Meschech. Ja es sind gewiss auch die Skythiner Xenophons **).

Nun will ich nicht behaupten, dass Tibarener und Moschi nothwendig Stämme dieser Sakae,

---

*) Siehe die Noten zur Strabonischen Stelle.
**) Anab. IV. 7, 8.

— 93 —

Skythen oder Hunnen sind, obwohl ich es für wahrscheinlich halte; aber nur behaupte ich, dass es so unrichtig nicht ist, wenn die Talmudisten Hunnen in diese Gegenden versetzen.

So hat gerade Isidorus von Charax *) das Land Sakastene (Sakistan - प्रकस्थान, çakast'âna) genannt, welches damals Hauptsitz der Nephthalitischen Hunnen im östlichen Persien unter der Parthischen Dynastie war, und woher sie an den Indus kamen, wo Cosmas sie unter diesem Namen kennt.

Dieses ist aber ein Fingerzeig um zu beweisen, wie im Caucasus schon so frühe Völker sehr verschiedener Abstammung und Sprache sitzen konnten. Wie diese Hunnen andere dort hinauf drängten, werden sie später selbst hinaufgedrängt worden seyn.

Das nächste Wort ≥𝐘𝐘 𝐘⟨- - 𝐘⟨- ist verstümmelt; aus dem dritten Buchstaben hat Porter 𝐘𝐘, Niebuhr 𝐘 aufbewahrt; da das Wort am Ende der Zeile wiederkehrt, ist kein Zweifel, dass 𝐘𝐘 herzustellen sey. Ich habe oben **) schon gesagt, dass ich darin ta iha finde, diese hier, was wahrscheinlich auf die Stellung des zunächst folgenden Volkes in der Abbildung Bezug hat. Es ist aber zugleich eine Andeutung, dass die bisherige Reihe von Völkern beendigt ist; ehe die neue, nach Osten vom Centrum aus gehende, angefangen wird, wer-

---

*) p. 8.
**) S. 32.

den zwei auf der Gränze des westlichen und östlichen Irans wohnende Völker eingeschaltet.

Das nächste ist: 𒀹 𒌋 - 𒂊 𒅗 𒀭 𐎠

Für das dritte Zeichen giebt Porter nichts als eine Lücke; Niebuhr aber 𒀸, was k oder ç ist, je nachdem ein oder zwei Striche verlohren gegangen sind; usʻkⁿg̃ha oder usʻçⁿg̃há.

In dem Gebirgs-Zuge, der Persis von der Susiana trennt, wohnten nördlich die kriegerischen Οὔξιοι *), an den Quellen des Choaspes, also etwas nördlicher, als die Karten sie gewöhnlich setzen. Alexander **) zog gegen sie von Susa. Etwas nördlicher auf dem Wege zwischen Ecbatana und Babylon wohnten die Κοσσαῖοι. Strabo sagt ***): Κοσσαίους δὲ καὶ δῶρα λαμβάνειν, ἡνίκα ὁ βασιλεὺς θερίσας ἐν Ἐκβατάνοις εἰς τὴν Βαβυλωνίαν καταβαίνοι. Den Zug gegen die Uxier wiederhohlte Alexander später gegen die Kossäer; καταλῦσαι δ᾽ αὐτῶν τὴν πολλὴν τόλμαν Ἀλέξανδρον, ἐπιθέμενον χειμῶνος †).

Nearch giebt uns die Aufklärung ††), dass auf dem Hochlande zwischen Medien, Susiana und Persis vier räuberische Völker sassen: ὧν Μάρδοι μὲν Πέρσαις προσεχεῖς ἦσαν, Οὔξιοι δὲ καὶ Ἐλυμαῖοι τούτοις τε καὶ Σουσίοις, Κοσσαῖοι δὲ Μήδοις. Man

---

*) Strabo XV. Persis. §. 4. §. 12.
**) Arr. III. 17.
***) XI. Media. §. 6.
†) Arr. VII. 15. Strabo l. c.
††) Strabo XI. Med. §. 6.

orientirt sie hienach richtiger, als es auf vielen Karten geschieht.

Strabo fügt ihnen noch die Παραιτακηνοί hinzu, οἱ συνάπτουσι Πέρσαις. Es waren alle Bergvölker und daher wird der letzte Name eher allen gemeinschaftlich, als einem einzelnen angehörig, gewesen seyn, Marder kamen auch oben bei den Kurdischen Völkern vor *), ihr Name: männlich, bezeugt ihren Persischen Ursprung. Die Uxier und Kossäer nach allen Spuren ebenso und eben nur die Elymäer mögen aus dem semitischen Tieflande hinaufgestiegen seyn, wie noch die Beduinen an jenem Gränz-Abhange herumziehen.

Die Kossäer nannte Plutarch Kussäer **) und dieses führt darauf, ihren Namen mit dem der Uxier zu vergleichen. Die Kussäer sind die Uxier mit einem behauchten Anfangs-Buchstaben, der ihnen vielleicht von den Nachbarn beigegeben wurde. Der Altp. Dialect lässt den Spiritus im Anfange weg, auch wo das Zend ihn hat und wenn das Wort Kussäer-Uxier eine appellative Bedeutung hatte, wird der Name, wie ein anderes Appellativ, dieser Regel unterworfen gewesen seyn. Gerade die zunächst an Persien wohnenden heissen Uxier, die andern Kussäer.

Dieses Appellativ scheint usʿçañghâ zu seyn, die gesetzlosen; usʿ für ut, wie im Zend; çañgh = Skt. ças, regieren, woher çâstra, Gesetz.

---
*) S. oben S. 82.
**) Alex. 73. τὸ Κουσσαῖον ἔθνος κατεστρέφετο.

Dieser Name wird ihnen von den Persern und Medern beigelegt worden seyn, sie selbst werden sich Marder genannt haben.

Der Gebirgs-Zug, ihre Heimath, ist ein südlicher Ausläufer des Zagros, dessen nördlichste Zweige die Karduchen berührten. Noch jetzt ziehen sich Kurden von Armenien bis nach Luristan hinunter und es wird im Alterthum eben dasselbe gewesen seyn: Iranische Hirten-Völker, an das freie Bergleben gefesselt und durch weite Wanderungen zerstreut, in viele verschiedene Stämme und Namen zerfallend.

Unter welchem Namen hat Herodot diese Uxier und Kussäer erwähnt? Denn übergangen wird er sie kaum haben. Rennel macht die Utier *) zu Uxiern nach einer nicht sehr wahrscheinlichen Vergleichung der Namen und einer gewissen Aehnlichkeit in der Bewaffnung. Ich glaube sie von den Utiern trennen zu dürfen und finde sie unter den Orthocorybanten wieder, die zur Medischen Satrapie gehörten, wie die Kussäer an Medien gränzen und Rennel selbst die Orthocorybanten ansetzt. Nicht weil ich oben ὀρθο durch hoch erklärte **), sondern weil Korbiana gerade da lag, wo die Elymäer, Uxii, Kussäer wohnten. Ἐστὶ δὲ καὶ Κορβιανὰ ἐπαρχία τῆς Ἐλυμαΐδος sagt Strabo ***); es ist klar, das Herodot es Griechischer

---
*) P. 291.
**) S. 64.
***) XVI. Assyr. §. 18.

fand, κορυβάντες, als κορβιάνοι, zu sagen. Es war das Hochland der Elymäer im weitern Sinne, wie es Strabo oft gebraucht.

Ich lese also: us̔çaṉghâ, die Uxier.

Es folgt: ⟨🟋 ⊨⟋⟋ 🟋🟋 ⟍ ⊨⟋⟋ ⟋⟨⊢ 🟋🟋 ⟋⟨⊢ ⟍ *)
utâ taihᵃ.

utâ erkläre ich später, es ist eine Partikel, die und, ferner, bedeutet. Also: und diese da. Dann: 🟋🟋 ⊨⟋ ⟋⟨⊢ ⟨⊨⟨ ⟋⟨⊢ 🟋🟋 ⟍ drhaṉghâ.

Ohne Zweifel die Δράγγαι, zwischen Karmanien, Gedrosien, Arachosien, Aria und der grossen Wüste, die Arrian auch die Ζαράγγοι, Ζαραγγαῖοι, nennt. Man wird die Stellen beisammen finden bei Burnouf **), der ihren Namen gewiss mit Recht aus dem Zend erklärt, von Zarayaṉgh, See, nämlich der, worin sich der Etymander, der haêtumĕṉt des Zendavesta, ergiesst; jetzt der Zareh.

Herodot zählt in der 14ten Satrapie die Saranger, Sagartier, Thamanäer, Utier, Myker zusammen auf, erwähnt daneben keine Dranger. Unsere Inschrift hat nun aber nachher auch die Saranger und es fragt sich, ob nicht doch beide Völkernamen zu trennen sind, da es Altpersischer Sprachgebrauch war. Nicht als ob es ursprünglich verschiedene wären, denn draṉgha verhält

---

*) Porter fand das i nicht mehr vor und von h nur ⟋⟨,
**) Yaç. Not. XCVII.

sich zu zarayan͞gh, wie das neuere dest, Hand, zum Zendischen zasta.

Es lässt sich diese Untersuchung am besten unten anstellen und ich schiebe sie bis dahin auf.

Es folgt: 𒀻 𒑱 𒀸 ⸗ 𒀸 𒑲 𒑳 𒀸 𒑴 ⸗ 𒑱 𒑳 𒀸 ⸗

utâ. dᵃn͞ghâwa. thâ. Weiter diese Länder.

Ich übersetze Länder, weil thâ, als ein Pronomen, sich wie ein Nom. Plur. Faem. darstellt; auch habe ich oben diesen Casus dem Worte dᵃn͞ghu im Altp. nachgewiesen.

I. 3. steht aber thisấm bei dᵃn͞ghunâm, also hier ist es Mascul. Ich schliesse daraus, dass es einmal Faem. ist in der Bedeutung Land, Masc. aber in der: Volk. Nach dem Zend würde man cher schliessen, dass im Plur. die Geschlechter etwas durcheinander geworfen werden; für das Altp. möchte ich dieses nicht annehmen; es wird auch im Zend mehr der fortschreitenden Corruptel der Ueberlieferung, als der Sprache angehören. dᵃn͞ghâwa ist ein Beispiel von einem Worte, welches das s nach dem kurzen a ganz abwirft; doch ist dieses wohl auf den Pluralis zu beschränken, der auch im Zend die Endungen des Nom. und Accus. mehr verkürzt, als die anderer Casus. Sonst ist dᵃn͞ghu oben behandelt *).

Es folgt nun eine neue Reihe von Ländern, alle östlich von Persis; die Weise, wie sie ein-

---

*) S. S. 48.

geleitet wird, deutet auf eine wohlbewusste Trennung in zwei Abtheilungen. Ist diese Theilung nach der Darstellung auf den Basreliefs oder nach der geographischen Lage? Gewiss beides. Das heisst: die Anordnung wird in den Abbildungen eben die der Reihenfolge der Völker seyn, nach zwei Seiten, erstens nach Westen, Medien, Babylon, dann den Tigris aufwärts; zweitens nach Osten hin. Einzeln stehen nun in der Mitte die Uxier und Dranger, und keiner der beiden grossen Abtheilungen angehörig; von den Uxiern lässt sich leicht auf der Karte sehen, mit welchem Rechte; die Dranger scheinen eher der zweiten grossen Hälfte zuzufallen. Doch hierüber unten.

Es folgt nun: 𒌋 𒁹 𒀭 [𒀸] 𒀭.

Für die Lücke giebt Niebuhr nur einen Keil, aber so gestellt, dass es ein mittlerer gewesen seyn wird. Porter hat blos 𒁹 [ ] 𒌋 [ ] 𒀭; also eine noch grössere Verstümmelung. Ich ergänze Niebuhr's 𒀸 zu 𒁹𒀸, dann steht parutᵃh, Nom. Sing. Masc. eines Wortes, welcher im Skt. parvatah, im Zd. pôurutô nach dem Lautgesetz der letztern Sprache lautet und Berg bedeutet.

Hr. Burnouf hat nachgewiesen, dass dieses Wort im Zend Name eines Landes ist *). Dieses Wort könnte wohl jedes Gebirg bedeuten, aber die Griechen erwähnen ebenso die Παρυῆται als ein besonders sogenanntes Volk. Man wird auch darüber B. s Zusammenstellungen genügend finden.

---

*) Y. Not. C.

Hier ist offenbar dasselbe Gebirgs-Land gemeint. Im Zendavesta folgt auf pôuruta, môuru und harôyu, Margiana und Aria; es wird also der Gebirgszug seyn, der Aria südlich begränzt, vom See Zareh sich nordwestlich nach Parthien hinziehend. Ja, der Name ist geblieben, weil hier jetzt ein Kohistan, Bergland, gesetzt wird. Die Paryetae des Ptolemaeus sind mehr nach der Ostseite der Gebirgs-Reihe ausgedehnt, als unsere Inschrift die paruta setzt; denn sie geht von Persis zuerst nach dem See Zareh und dann nördlich mit westlicher Neigung.

Herodot giebt uns nicht diesen Local-Namen, sondern die von Völkern; da wir in der Inschrift sogleich Herodot's Sagartii finden, so wird die Gegend in seiner 14ten Satrapie enthalten seyn, zu der ausser den Sarangern und Sagartiern die Thamanäer, Utier und Myker gehörten. Vielleicht nur die zwei erstern, weil die Myker sich wahrscheinlich auch in unserer Inschrift zeigen werden. Unser Name scheint aber der der Aparyten, III. 91. zu seyn, a vorangesetzt, wie in Amarder, S. 82. oben, und nicht ein a privativum. In der Stelle von dem Flusse Akes, dem man so verschiedene Lagen gegeben hat, wohnen um den Bergkessel, woraus der Fluss nach fünf Seiten geflossen seyn soll, die Chorasmier, Hyrkanier, Parther, Saranger und Thamanäer *). Dieses giebt den Thamanäern etwa die obige Lage,

---

*) III. 117.

ohne dass der Fluss dadurch aufgefunden worden ist.

Es folgt: 〈Keilschrift〉

Das 〈▮▶, welches man für idendisch mit u, 〈▮, gehalten hat, bildet den Anfang des Wortes gadâr, die Gandarer und ist ebenso ein g in baga L. B. 1. bagibis' A. 24. bagânâm II. 1. Zd. baga, Skt. b'âga. Also überall, wo der Buchstabe vorkommt.

Ich lese âçᵃgᵃrt und finde darin die eben erwähnten Sagartii. Da das Wort eine Theilung in zwei denkbare Wörter: âça, woher, açman, Himmel, im Zend *) und L. B. 2. und garta, Skt. Höhle, zulässt, zweifle ich nicht, dass unsere Form des Namens die ächte einheimische ist; etwa das Land der Felsen-Höhlen (nach açman, Skt. Stein, Fels). An Parutah wird ein Schluchtenland gränzen.

Aus Herodot sieht man, dass die Sagartii an Hyrkanien, Parthien, Chorasmien gränzten; das heisst, wir müssen sie in nordwestlicher Richtung von Drangiana suchen. Da die Parther folgen, kann daran kaum ein Zweifel seyn. Herodot beschreibt sie an einer andern Stelle**) als ein Persisches Volk, mit Persicher Sprache, in Gebräuchen zwischen Persern und Paktyern. Da es Nomaden waren, ist es nicht zu wundern, wenn wir sie so weit von der Persis entfernt finden.

---

*) S. Burn. Y. Not. V.
**) VII. 84.

Eine bestimmte Nachricht giebt Ptolemaeus: orientalia vero Zagri montis Sagartii occupant; post quos extenditur usque Parthiam Choromithrene. Wenn aber hier der eigentliche Hauptzug des Zagros verstanden wird, so kommen die Sagartii zu weit westlich, es muss also Zagros im weitern Sinne für die südöstlich streichenden Gebirge Mediens, an den Gränzen der Wüste und nahe den Caspischen Pforten stehen; denn hieher versetzt sie die Nähe Parthiens. An die Pässe des Zagros gegen Assyrien darf man sie gewiss nicht setzen.

Das nächste Wort: 𒌋 𒁹 𒅗 𒊺 𒀸 erfordert keine geographische Erklärung. Ueber das 𒅗 und wie es hier von den Griechen durch ϑ gegeben werden konnte, ist oben gesprochen *); die Indier, die den Laut ϑ nicht hatten, haben dafür d gesetzt in pâra da. Ich lese parζawa, es ist ein Nom. Plur. ohne s, wie daŋghâwa, wovon oben. Die älteren Griechen sagen Πάρϑοι **); aus der Macedonischen Zeit haben wir aber eine Form, worin das u enthalten ist: Παρϑυαῖοι ***); und ein beinahe einheimischer Schriftsteller giebt uns unser Wort in einer Zusammensezung: Σαυλώη Παρϑαυνίσα, fast ohne Abweichung. Isidor. p. 7.

Herodot's 16te Satrapie †) wird in der In-

---

*) S. S. 79.
**) Hecat. ed. Klaus. p. 93. Herod. III. 93.
***) Arr. III. 28. etc.
†) III. 93.

schrift nach den einzelnen Völkern, Parther, Chorasmier, Sogder und Arier aufgeführt.

Es folgt: 𒀹𒀹 𒀹 𒀹 𒀹

Das erste ist ein z, welches ich auf den oft vorkommenden Namen âurămazdâ gründe. A. 22. H. 17 etc. Ich lese daher zᵃrᵃk. Da ich nun nachher aid́us̓ für Indien, gᵃdâr für Gandarier, finde, schliesse ich, dass die Sprache den Nasal wirklich ausliess vor gewissen Consonanten, weil die Hebräer gewiss nach den Persern hoddu für Indien schreiben und Isidorus von Charax Γάδαρ giebt *). Ebenso haben wir hier zᵃrᵃk für zarank, wie bei Arrian III. 25. VI. 27. Ζαράγγοι, Ζαραγγαίοι, in frühern Ausgaben stand; was nicht so ohne weiteres in Δράγγαι zu verwandeln ist.

Denn obwohl es nicht zu bezweifeln ist, dass Dranga und Zaranga dasselbe Wort nach zwei verschiedenen Aussprachen ist, die mit dr Altpersisch, die mit zar Altbaktrisch, und dass dieses Wort See, Zd. zarayan͂gh, bedeutet, also die Umwohner des Sees zareh; so zeigt unsere Inschrift deutlich, dass diese Namen je nach der verschiedenen Mundart zwei verschiedene Abtheilungen desselben Volkes bezeichneten. Die zᵃrak stehen zwischen Aria und Parthia, also mehr gegen Norden; die drhᵃn͂ghâ sogleich nach den Uxiern; also doch wohl die ersten, die nach der

---

*) p. 7. Wenn Josephus (Ges. Thes. p. 308.) die Bactrianer von Gether ableitete, dachte er an Gadar.

Durchreise der grossen Wüste von Westen her sich zunächst darboten. Diese Unterscheidung stimmt mit der schon von Mannert *) getroffenen, dass die Zaranger die nördlichsten Drangae sind. Strabo theilt Drangiana gerade in zwei Theile, wie hier die Namen zwei Abtheilungen des Volkes unterscheiden: Συντελὴς δ᾽ ἦν αὐτῇ (Ariae) καὶ ἡ Δραγγιανὴ μέχρι Καρμανίας, τὸ μὲν πλέον τοῖς νοτίοις μέρεσι τῶν ὀρῶν περιπεπτωκυῖα, ἔχουσα μέντοι τινὰ τῶν μερῶν καὶ τοῖς ἀρκτικοῖς πλησιάζοντα τοῖς κατὰ τὴν Ἀρίαν. Also nordwärts vom Gebirge über dem Zareh die Zarangae, südwärts die Drangae um den See herum.

Herodot unterscheidet sie nicht, sondern seine 14te Satrapie enthält beide Abtheilungen der Drangae unter demselben Namen und umfasst das neuere Sedgistan und Kohistan bis nach Taberistan hin, hat auf der einen Seite die grosse Wüste, auf der andern Parthia und Aria.

Die Drangae sind in der Inschrift zuerst erwähnt, weil sie gleichsam eine gegen den Westen vorgeschobene Oase inne hatten und mit ihrem Landsee einzeln ausgezeichnet waren, wie kein anderes Volk der östlichen Monarchie. Sie griffen gleichsam aus der einen Hälfte in die andere hinüber und leiten so die folgenden Völker ein, wie die Uxier die Reihe der frühern beschliessen.

Es ist merkwürdig, dass die Inschrift sowohl

---

*) V. 3. 69.

die Hyrkanier übergeht, als alle Völker der 13ten Satrapie: Caspii, Pausicae, Pantimathi und Daritae.

Das nächste ist: ⟨≍⟨ ⩮ 𓏲 ⪤ ⟨ Aria.

Die Zendform ist harôyu *), womit Hr. Burnouf sehr glücklich das Indische Sarayu verglichen hat. Das h wird im Altp. im Anfange ausgelassen, so sogleich in Arachosia und India, wo das Zend beide Male h hat. Das ô kommt auf Rechnung des Zends, und es bleibt demnach harayu mit unserer Form zu vergleichen. Ich lese demnach ary^{a}w^a oder ar^{a}y^{a}w^a, ein Nom. Plur. wie parṣ̌aw^a, dan͡ghâw^a, das Thema muss ar^{a}yu oder aryu seyn; das Zend leitet auf ar^{a}yu, doch kann dieser kurze Vocal im Altp. gefehlt haben.

Herodot giebt Ἄρειοι III. 93. ohne Variante, so auch Arrian und für das Land Ἀρεία, wie der hier wohlbewanderte Isidor **). Aeschylos auch Ἄρειοι. Sowohl arayu als aryu würden damit stimmen, am besten jedoch arayu.

Dass ich 𓏲, i, auch für den Halbvocal y nehme, werde ich später zu rechtfertigen suchen.

Dieses Aria, Herat, hat also keinen Zusammenhang mit der Stammsylbe âr in ârya, âirya, dem ältesten historischen Namen der Sanskritredenden und Iranischen Völker und ist auch etymologisch zu trennen von Ariana, dem Land

---

*) Burn. Y. Not. CII.
**) p. 8.

zwischen dem Indus, dem Meere, dem Paropamisus und dem östlichen Gebirge der Persisch-Medischen Gränzen *).

Es ist ein Irrthum, den ich mit andern getheilt habe, und für dieses Volk ist immer ˮΑρειοι im Herodot zu schreiben, ˮΑριοι für den ursprünglichen Namen der Meder.

𒀸 𒌷 𒁀 𒀝 𒋾 𒊑 𒅖 bâk'tris'. Bactria.

Porter giebt von b nur 𒐬, Niebuhr vollständig 𒀸.

Wir haben hier die Form, woraus die Alten Bactria, Bactrianus, gebildet haben. Die Zendform bâk'd'i enthält eine andere Ableitung, aber dieselbe Wurzel. Auch haben wir hier ein kurzes i, mit der Endung des Nominativs s', im Zd. wird das s wohl fehlen, wie beim Faem. auf î. Ich kann hier auf Burnouf's Untersuchungen verweisen, die Schwierigkeiten berühren **), worauf ich hier nicht einzugehen habe. Doch will ich Herodot von einem Fehler befreien, der dem vortrefflichen Rennel viel Kopfbrechens verursacht hat. Man schreibe III. 92. nach der Variante Λίγδων: ἀπὸ Βακτριανῶν δὲ μέχρι Σόγδων — und alle Untersuchungen über das unerhörte ᾿Αιγλῶν werden überflüssig.

In dem folgenden 𒋛 𒄀 𒌓 çug'd, Sogd, Sogdiana, hat Porter das g' auf 𒄀 redu-

---

*) Strabo XV. Ariana §. 1. §. 8.
**) Y. Not. CX. Ueber die Lage des Zendischen Bâk'd'i.

cirt. Es ist wieder ein consonantischer Nominativ ohne s. Im Zend çug'd'ô *).

⟨𒐊 ⊢𒐊 𒐊 𒐊 𒐊 𒐊 𒐊 𒐊 𒐊 ⟩

Nachdem, was ich oben über 𒐊 gesagt, bleibt mir nichts, als bis auf weitere Aufklärung dafür ʿm zu setzen. Das ⊢𒐊 welches am Ende einer Zeile steht, hat Porter übergangen. Am Ende des Wortes setzt Niebuhr für 𒐊 nur 𒐊, während Porter vollständig 𒐊 giebt. Es mag daher seyn, dass dem Worte eine andere Endung zukommt, als die eines Nom. Masc. auf i a.

Ich habe schon oben bemerkt **), dass w in der Altp. Bezeichnung des Zend q vorkommt, d. h. des aus s v entstandenen h v, welches durch ein einziges Zeichen: q ausgedrückt wird. Die Altpersiche Bezeichnung drückt aber eine weniger adspirirte Aussprache aus, das h verschwindet vor dem w und nimmt dessen Natur an, es wird ein u. Es ist das Althochdeutsche adspirirte w, welches u v ist ***), so wie das Englische w oft u v gesprochen wird von Fremden. Im Neupersischen خو ist das v gewiss ursprünglich auch überall gesprochen worden, obwohl hier der Hauch über den Lippenlaut vorwaltet. Der leichtern Vergleichung mit dem Zend wegen schreibe ich q. qârazʿmiah giebt uns ganz die Form der Alten:

---

*) Y. Not. LVI.
**) S. S. 38.
***) Diez, Gram. der rom. Sprache. I. 293.

Χορασμία, — μιοι *). Hiernach könnte man schliessen, 𒀭 habe blos m gelautet; die Zendform ist aber mit einem ĕ zwischen z und m versehen: qâirizĕm **), welches sich nach der Declination von zĕm = zâ richten wird. Die Altp. Form scheint aber die Ableitung auf ia die sich im Griech. findet, wirklich gehabt zu haben.

Im folgenden Worte hat Porter von dem anfangenden 𒀭 nur noch 𒀭. Nach dem g' ist in beiden Abschriften eine Lücke für einen Buchstaben; ich vermuthe dafür, wie mir scheint, ganz sicher, ein 𒀭 und schreibe 𒀭 𒀭 𒀭 𒀭 𒀭 𒀭 𒀭 ç a t a g' a d u s'.

Herodots 7te Satrapie umfasst die **Sattagyden, Gandarii, Dadicae** und **Aparytae**. Es folgt in der Inschrift nach den Sattagyden, Arachosien und dieses wird uns helfen, die Lage des Volkes zu bestimmen.

Unsere Inschrift geht zuerst am östlichen Rande der Wüste aufwärts bis Parthien, erwähnt dann der daran stossenden, aber etwas östlicher, also von Persepolis entfernter gelegenen Zaranger, und Areier; dann der sich immer mehr gegen Norden entfernenden Baktrier, Sogder, Chorasmier. Hier ist aber der Zug gegen Norden geschlossen, und es fängt gleichsam ein neuer Meridian an, auf dem wir die Sattagyden und das zunächst folgende Arachosien zu suchen haben. Da das letzte deut-

---

* Hecat. p. 93. Klaus. Her. III. 93.
**) Burn. Yaç. Not. CVIII.

lich ist, so scheint der Rückweg von Norden nach Süden längs dem Merû-rûd, dem Margus, hinter Areia, Herat, nach dem Gebirge Paropamisus zu führen, an dessen Südseite erst Arachosien liegt. Es ist jetzt das Revier der Eimaks und Hezarehs. Herodot erwähnt der Paropamisaden nicht namentlich: die Völker, die er erwähnt, Sattagyden, Gandarier, Aparyter und Dadicae können aber nicht gut anderswo hingestellt werden. Nach Bestimmung der übrigen Satrapien bei Herodot, so wie der übrigen Völker in der Inschrift, bleiben uns in der That nur Margiana und der Paropamisus übrig.

Es fragt sich nur, ob keine näheren Andeutungen ihnen eine dieser Lage zuschreiben.

Rennel stellt diese ganze Satrapie in das nachherige Margiana, das môuru (Maru) des Zendavesta, sich stützend auf die Vergleichung von Gandarii mit Isidors Γάδαρ und die von den Aparyten mit Isidors Apavarctica *).

Dass Gadar dasselbe Wort ist als Gandarii, bezweifele ich nicht; unsere Inschrift sagt auch gadâr, stellt aber dieses Volk östlicher, wenn, was das bisherige zu bestätigen scheint, wirklich eine geographische Anordnung bei der Aufzählung statt findet.

Apavarctica stellt Isidor zwischen Margiana und Parthyene, er nennt die Stadt darin Ραγαῦ. Da sein Gadar nur 6 Schöni von Nisaea

---

*) p. 295.

oder Sauloê Parthaunisa liegt, so kommen sie nahe genug an einander, um zu einer Satrapie zu gehören. Nun ist aber der Name Aparytae nicht sehr deutlich identisch mit Apavarctica, und dieses ist gewiss ein Name der spätern Zeit für eine Provinz des Parthischen Reiches. Auch kann Gadar, obwohl etymologisch derselbe Name, als Gandarii, bei Isidor aber der einer Stadt, ebenso wohl als der Völkername weiter in andere Gegenden gewandert seyn. Ja, von jenem Städtenamen aus bis in den Penjab hinab haben die Gandarer Spuren ihres Namens hinterlassen, und Kandahar ist eine Zwischenstation zwischen Isidors Gadar und dem Γάνδαρα, Ἰνδῶν ἔθνος des Hecataeus *). Weil nun aber Hecataeus die Gandarer am Indus meinen muss, wie gleich sich zeigen wird, so müssen die Herodotischen ebenso östlich gesucht werden; denn Herodot hat in diesen Dingen seinem Vorgänger vieles entnommen. Wir müssen also geographisch unsere, Herodots und Hecataeus Gandarer von der Stadt Gadar des Isidors trennen.

Da nun aber die Gandarier des Herodots in die Nähe des Indus gesetzt werden müssen **),

---

*) p. 94. Pentap. Ind. p. 15.
**) Die Gründe sind folgende. Alexander fand Gandarer am Choaspes und Cophen. Strabo XV. §. 26. Also in der Nähe Peschawers. Gerade hier finden wir schon in der Zeit kurz nach unserer Inschrift dasselbe Volk. Κασπάπυρος, πόλις Γανδαρική. Hecataeus bei Steph.

so scheint die wahrscheinlichste Annahme die,
dass die drei übrigen Völker ebenso zwischen

Byz. Kaschmir, bei den Indiern ursprünglich: Kâ-
çyapapura, ist unverkennbar bezeichnet, und wird
demnach eine Stadt der Gandarer genannt, sie wohnten also in der Nähe, d. h. unter Kaschmir an der
Westseite des Indus. Bei Herodot ist ein alter Fehler in Kaspa*t*yrus, welches er zweimal, als Stadt, mit
dem Lande Paktyika verbindet. III. 102. IV. 44. Wenn
die Paktyer derselben Satrapie als die Armenier,
wirklich angehörten, Siehe oben S. 83., so ist dieses
nur aus der Zusammenstellung entfernter Völker zu
erklären, die Herodot selbst erwähnt. III. 89. und
giebt keinen geographischen Bestimmungsgrund ab.
Die Paktyer wohnten unbezweifelt an einem westlichen Zuflusse des Indus, etwa am Kabulflusse. Die
obige Lage giebt den Gandarern auch eine Stelle des
Periplus des rothen Meeres, wenn die von Vincent
und andern vorgeschlagenen Verbesserungen zugelassen werden. S. 27. heisst es: über Barygaza liegen
im innern Lande die Völker τῶν Ἀρατρίων, καὶ Ἀρα-
χούσων (für Ῥαχ.) καὶ Γανθαραίων (f. Τανθαράγων)
καὶ τῆς Ποκλαΐδος (für Προκλίδος). Also ein Landweg
von Barygaza durch das Land der Arattas im Penjab
(de Peut. Ind. p. 23.), der Arachosier, Gandarer
nach der Peukolaïtis. Strabo XV. Ind. §. 27. setzt
dieses gerade nach dem heutigen Pukheli und der Indische Name Puśkalavati ist darin unverkennbar.
Die Gandarer sind auch hier in der oben bestimmten
Lage, am Indus, am Eingange zum Bergthale Kasch-
mirs, und natürlich nördlich von Arachosien. —
Der Ausdruck Herodot's Σατταγύδαι δὲ, καὶ Γανδάριοι, καὶ Δαδίκαι τε καὶ Ἀπαρύται, ἐς τὠϋτὸ τε-

Arachosien südlich und Bactriana nördlich gesucht werden müssen. Ich glaube, dass Margiana zu einer der benachbarten Satrapien gehört habe, und dass Herodots 7te Satrapie eher in dem paropamisadischen Gebirge und von da bis an den Indus zu suchen sey, nebst den ζ^{atag}^{a}- dus' der Inschrift.

〈≡〈 ≡| 〈ϒ ⊢|≡ ≡|ϒ| ϒϒ ≋ ˪ araqatis'.

ταγμένοι, führt auf Zusammenstellung weiter aus einander wohnender Völker. Wenn, wie ich vermuthe, die Aparyter das sonst Paryetac genannte Bergvolk ist, können sie an der Westgränze dieser Satrapie gesessen haben; der Name ist aber unbestimmt und allgemein; die Gandarer, die bis an den Indus nach Kaschmir hinreichten, bilden den östlichsten Theil der 7ten Satrapie, die von Kandahar nach Peschawer sich erstreckt haben wird; die Sattagyden werden die mittlere Region des Paropamisus eingenommen haben. Die von Wilson aufgestellten Vermuthungen sind schwerlich zu billigen. History of Cashmir. As. Res. XV. 104. Ueber die Dadiker weiss ich nichts beizubringen.

Die Indischen Gandarer waren ein weiter gewanderter Stamm desselben Volkes und bezeichnen nur den Weg, den vor ihnen die Sanskritredenden Indier, nach ihnen die Saker, Hunnen, Afghanen und andere, nach Indien eingeschlagen haben. Zu dieser alten Einwanderung gehören auch die Bahlikas, d. h. Baktrier, im Penjab, Pent. Ind. p. 21. und die Sogder am Indus, Arr. VI, 15. Vielleicht auch, wie Wilson vermuthet, der im Epos der Indier gefeierte Name der Pandavas. A. a. O. p. 95.

Es bleibt das Γάδαρ des Isidorus, welches geo-

Arachosien heisst im Zend haraqaiti *); es weicht also nur das epenthetische i, die Endung ohne s und das Fehlen des h im Zend ab. 〈=〈 ⩊ 〈⩛ 〈⩊ ⩎ ⩏ ai d̔us̔; Indien.

Nach dem zweiten Zeichen hat Niebuhr eine kleine Verstümmelung angegeben; Porter giebt nichts dergleichen an und es ist kein Grund zu glauben, dass durch die Verwitterung ein Buchstabe getroffen worden ist.

〈⩛ kann nur ein d̔ seyn, auch haben die Indier selbst das d̔ in dem entsprechenden Namen. Z. 23. kommt das Zeichen wieder vor und lässt sich dort ebenso lesen, d̔aqis̔ta, wahrscheinlich das Zendische danğhiçta, der weiseste. Das im Zd. hẽndu **) ohne d̔ geschrieben wird, scheint an dem n zu liegen.

Welches Indien hier gemeint ist, ist leicht zu bestimmen, es ist das Volk der Sâindavas, der Anwohner des Indus, zunächst die an Arachosien gränzenden, von denen das der Sudraker oder Oxydraker Kriegsdienste bei den Persern nahm ***).

---

graphisch von den Gandaren in Cabul und denen im Penjab zu trennen ist. Dieses scheint sich wiederzufinden in den Candari des Plinius. H. N. VI, 18. Chorasmii, Candari, Paricani, Sarangae. Diese letzteren sind fälschlich mit den Zarangern zusammengestellt und waren ein Skythisches Volk, wogegen Plinius ganz, wie seine ältern Quellen, unterscheidet: VI, 25. Drangae, Evergetae, Zarangae.

*) Y. Not. XCII.
**) Y. Not. CXIII.
***) De Pentap. Ind. p. 25.

Es ist der Name, wie er in unserer Inschrift steht, gewiss abzuleiten von dem Namen des Flusses Indus, Sind'us, in einer gunirten Form (Saind'u), nach Persischer Sprache ohne h und n: aid'u. In der Zd. Form ist er der allgemeine des ganzen Landes geworden *).

⟨⟩⊢ ⩚ ⩚⩚ ⪽⟩ ⧹ g^{a}dâr; die Gandarier.

Nach der Erwähnung der Indier wendet sich die Aufzählung wieder aufwärts gegen Norden und setzt zuerst die Gandarier, die also deutlich die an Indien gränzenden sind. Von da an geht sie gleichsam über die Gränzen des Reichs hinaus zu den herumziehenden Horden der Skythen.

⪽ ⪽ ⩚⩚ ⧹ ç^{a}kâ, die Sakae.

Es ist bekannt, dass dieses der allgemeine Persische und Sanskrit Name der nomadischen Reutervölker ist **). Es sind wohl hier die im Xerxes Heere mitziehenden, die eigentlich die Ἀμυργίοι hiessen.

Wenn Herodot die Sakae mit den Caspii in der 15ten Satrapie zusammenstellt, so ist dieses wohl nicht geographisch, sondern blos von der Steuerrolle zu verstehen. Denn die Sakae wohnten über Bactriana hinaus. Derselbe Fall scheint gleich darauf einzutreten. ⇥⟩⟨ ⪽ ⧹ m^{a}k, muss noch ein Völkername seyn, und auch dieser findet sich bei Herodot, wenn man in der 14ten Satrapie für die Μύκων die Lesart der ältern Handschrif-

---

*) De Pent. Ind. p. 7.
**) Herod. VII. 64.

ten wieder herstellt und Μέκων liest. Auch Plinius erwähnt die Maci am Caucasus in der Nähe Bactrianas *). Nach der Inschrift müssen wir sie über die Sakae hinaus, nach Tocharestan und Badakhschan hinaus versetzen; Plinius ist unbestimmt und der Caucasus (doch wohl der Indische) hat eine weite Ausdehnung; Herodots Zusammenstellung der Sagartier, Thamanäer, Sarangäer, Utier, Meker ist gewiss nur eine finanzielle, da mit ihnen die Inselbewohner des rothen Meeres aufgezählt werden. Dass Wort selbst hat in seiner Einsylbigkeit schon einen sehr Skythischen Anstrich.

Wir können jetzt zum Anfange zurückkehren und den einzigen noch übrigen Namen erklären: ⟨⩉ ⤚⪅ ⤚⪉ ⩘. Das letzte Zeichen ist uns unbekannt. Grotefend hat dafür n͂g; ich kenne seine Gründe nicht, aber halte es allerdings auch für einen Nasal und zwar für das Zendische n͂. Vielleicht ist sein Gebrauch jedoch im Altp. ein anderer, was nicht zu bestimmen ist, weil es nur noch ein einziges Mal und das unsicher vorkommt. Das Land hier muss dasselbe seyn, als das von Ptolemaeus erwähnte Χόανα in der Nähe von Rhagae und wahrscheinlich die ältere Benennung für Rhagiana. Unser Wort liest sich qwan͂; das Χο ist = qwa, wie in Chorasmien, das n͂ = v. Das letzte α ist nur Griechische Endung. Ob dieses ⤚⪉ ein blos finales sey? Weitere Beispiele kön-

---

*) VI. 25.

dieses erst zeigen. Dass ich nicht q^{a}n̄^{a} lese, gründe ich auf Stephan von Byzanz: Χαύων, χώρα τῆς Μηδίας. Er hatte wohl das Wort aus Ctesias, der von der Semiramis erzählte *), sie sey aufgebrochen εἰς Χαύονα. Andere Handschriften geben Χάονα, Χάωνα; doch wird Χαύονα wohl den Vorzug verdienen, das Χαυ ist für q w a.

Die Aufzählung fängt also vom nordöstlichen Medien an, von Rhagä, und erwähnt dann erst das eigentliche Medien.

Aus der Vergleichung mit dem Herodotischen Verzeichniss der Satrapien wird es klar geworden seyn, dass wir hier eine Aufzählung nach einem andern Sytem haben und zwar zunächst nach einem geographischen, welches vom Centrum der Monarchie ausgehend, den **Iranischen** Theil derselben im weitesten Sinne umfasst, zuerst was westlich von der grossen Salzwüste, dann was östlich davon lag. Warum einige Völker, die dabei übergangen zu seyn scheinen, es sind, erklärt sich vielleicht aus der Benennung der **guten** Völker oder aus der Erwähnung des **Feuerdienstes** (Z. 3. 9.). Es sind sieben oder vielleicht acht und zwanzig Namen aus der Zahl von 120, die Daniel **) den Statthaltern ***) des Darius giebt.

---

*) Diod II. 13. Cts. Rell. ed. Bachr. p. 407.
**) VI. 1.
***) Satrap ist ohne Zweifel zu erklären aus dem Zendischen s̓ôit̓rapaitis, in einer kürzern Form s̓ôit̓rapâ; für das ôi wird das Altpersische einen andern Diphthong, etwa ai gesetzt haben.

Andere Inschriften werden die übrigen Namen enthalten haben.

Doch diese Untersuchung wäre hier voreilig; wir müssen uns noch weiter nach den Buchstaben, die uns dunkel sind, umsehen. Vorerst wollen wir aber zusammenfassen, was uns bisher sich enthüllt hat, wir werden dadurch das noch unbekannte in einen so engen Kreis einschliessen, dass uns seine Deutung sehr erleichtert werden wird. Als Vergleichungs-Punct nehme ich das Zend-Alphabet, welches uns am sichersten dabei leiten wird, wenn wir es mit der nöthigen Vorsicht gebrauchen. Ich fange mit den Consonanten an.

§. 5. Consonanten.

Die gutturale Reihe ist vollständig gefunden und hat gerade dieselben Buchstaben, wie im Zend: k, k', q, g, g', |≥, ⟪⟨|, ⟨ῆ ⊢|≥, ⟨|⊢, ⟨≡⊣, vielleicht auch ≥⟨⊢, wenn es dasselbe ist; auch entsprechen sich diese Buchstaben in ihrem Gebrauche, so weit wir schon dieses beurtheilen können; namentlich steht das q, wie das Zendische q, für älteres sv, lässt aber, wie es scheint, nicht die andere Form h, mit Nasalirung des vorhergehenden Vocals und Umstellung der Elemente zu, es ist mit einem Worte sowohl im Anfange, als in der Mitte q, und hat nicht die

Zendform u͑guha = u͑ghva, so dass sv Altper. immer q, nie hva zu werden scheint *).

Von der palatalen Reihe hat das Zend nur die nicht adspirirten k' und g', Skt. ञ und ज, Neupers. ج und ج. Ich glaube diese jetzt in der Keilschrift nachweisen zu können.

I. Z. 9. steht ⟨cuneiform⟩ Lesen wir das mittlere Zeichen g', haben wir bâg'iam, Skt. भाग्यं, bâg'yam, zugetheiltes Loos, portio; daher impositum, tributum.

I. 19. 22. L. B. 11. steht als ein besonderes Beiwort des Darius, ⟨cuneiform⟩. I. 22. ist ein Strich verwischt ⟨cuneiform⟩, bei Niebuhr; bei Porter noch mehr. Die Form wird aber gesichert durch die andern Stellen; ich untersuche später, ob ⟨cuneiform⟩ dafür eine Variante seyn kann. Ist nun dieses ein k', so haben wir hak'iah, von der Wurzel hak' **), bändigen, auch bekehren. hak'at'açpa, Pferdebändiger. upanghak'at. V. S. 119. bezwang. Also Darius der Bezwinger.

Im Verhältniss zu den Zendbuchstaben lässt sich bis jetzt nur auf identischen Gebrauch schliessen, denn auch das Zend würde bâg'ya sagen.

Von den Dentalen haben wir ⟨cuneiform⟩, t; ⟨cuneiform⟩, t'; ⟨cuneiform⟩, d; ⟨cuneiform⟩, d'; wie im Zend t, t', d, d'. Das t' haben wir wie im Zend, als Zusatz der Wurzeln

---

*) S. oben. S. 22. 88.
**) Yaç. p. 442.

gefunden und zwischen Vocalen *); d muss weiter um sich gegriffen haben, als im Zend, da es nicht nur im Anfange steht, sondern auch zwischen den Vocalen in der Mitte, wo die Etymologie und die genauere Orthographie im Zd. jede das dʿ erfordern würde, wie in âdᵃdâ H. 3. von dâ, Skt. दा, dʿâ, wo im Zend âdᵃdʿa stehen würde. dʿ dagegen hat im Altp. auch seine Stelle im Anfange, gegen den Gebrauch des Zends, in dʿaqisʿta I. 23. Aus diesem einzigen Beispiele weiss ich jedoch kein Gesetz der Erscheinung nachzuweisen. Ein abweichendes Lautgesetz wäre es auch, wenn ich Recht habe, den Uebergang des tʿ in ç zu behaupten **).

Das Zend hat noch ein t, welches final ist, aber auch im Anfange vor k und b steht ***). Ein ähnliches scheint auch die Keilschrift zu haben.

Das öfters vorkommende Wort Sohn schreibt sich 𐎱 𐎡 𐎱 𐏃 I. 5. B. 5. G. 5 etc. Die Vergleichung mit bun hat keine Bedeutung. Ieder wird putra darin suchen. L. B. 14. steht das Wort Vater, 𐎱 𐎡 𐎱 𐏃. Man wird doch nicht pin für den Vater lesen wollen. Es scheint, dass in beiden Fällen nur ein Dentaler gesetzt werden kann, ich schreibe dafür tʾ, putʾ, pitʾ, obwohl ich diese verkürzten Formen grammatisch nicht

---

*) S. oben S. 88.
**) S. oben S. 77. 79.
***) Burn. Y. alph. Zend. p. LXXIII.

erklären kann. Eine blosse Schreibverkürzung nur bei diesen Wörtern ist unwahrscheinlich. Ein anderes Beispiel des 𐎫 ist noch A. 25. II. 3. wo k's' vorhergeht; auch dieses führt auf t', da k'st ein erlaubter Wortanfang im Zd. ist; z. B. k'stûm, sextum. Medial ist das Zendische t nicht und hierin liegt eine Abweichung. Weiter kann ich dieses Zeichen noch nicht erläutern.

Von den Labialen haben wir 𐎫 und 𐏁, p, b, das letzte auch mit der Geltung des Sktschen b', gerade wie im Zend b *).

Das f hat Hr. Grotefend schon vermuthet in 𐎳; mit Recht, weil es vor r steht in dem Worte fr^{a}mâtâram H. 3. 7. A. G. L. B. 5. Die labiale Reihe stimmt also genau mit dem Zend.

Von den Nasalen sind 𐎶 und 𐎴, m und n, ganz die Zendischen **). Das vor h im Zend stehende ng glauben wir auch in 𐎴 nachgewiesen zu haben ***); das Zend hat zwei Varietäten davon, diese werden in der Keilschrift kaum erwartet werden können. Der Figur nach wäre 𐎴 das Zendische ân (a͞) und ich vermuthe, dass die Keilschrift ihr 𐎴 auch für die Zwecke des Zendischen âu gebrauchen würde, wenn das Bedürfniss sich einstellen sollte; aber dieses wird kaum der Fall seyn, da im Gegentheil das Altp.

---

*) S. oben S. 67. 116.
**) S. oben S. 45. 47.
***) S. oben S. 55.

sich zur Ausstossung der medialen Nasalen vor Consonanten zu neigen scheint.

Wir haben dagegen in der Keilschrift ein ⊁|⟨, ñ, gefunden, über dessen Gebrauch wir jedoch nicht im Reinen sind. Ist es ein blos finales n, so kann es nicht das Zendische vor Consonanten, vorzüglich starken und nicht adspirirten, vorkommende n͂ seyn. Es wäre dann eher das Zendische a͂n *).

Wie sich also in der Theorie der Nasalen das Altpersische eigenthümlich gestaltete, sie wohl reiner, aber weniger nuancirt behauptete, so ist die Schrift auch nicht so mannichfaltig in ihren Zeichen.

Es bleibt endlich das |⟨⊨, das, auf welche Art es auch aufgefasst wird, ein m enthalten muss, und höchstens in der Entstehung der Züge, nicht in der grammatischen Geltung mit dem Zendischen h m zu vergleichen ist **).

Es bleibt also auch wohl kein Nasal weiter zu erwarten.

Von Sibilanten haben wir vier gefunden, das Zend hat deren fünf. Das |⊨, ç, ist auch das Zendische ç, kommt wie dieses auch vor t vor (çtâ H. 8. Zd. çtâ, Skt. stâ) im Anfange; verwandelt ein folgendes v ebenso in p (açpa). ⟨⟨ haben wir mit dem s' verglichen, und dieses wird sich wohl so bestätigen, obwohl es einen

---

*) S. oben S. 115.
**) S. oben S. 84.

andern Gebrauch hat, als das Zendische s', nämlich am Ende nach i und u, au, wo das Zend s hat; auch im medialen s't, wo das Zend eher çt, schwerlich s't, gewöhnlich st, schreibt; dieser Gebrauch nähert es etwas dem Sanskritischen s'; dann vor n, wo ç zu erwarten, was'nâ. Dass es nicht s sey, leuchtet daraus ein, dass im Anfange 𒆪 steht (s'ihâtis' I. 23.), während s sich in h ververwandelt (hᵃk'iᵃh). Wäre ⟩⟨ ein s, wäre also initiales s vor Vocalen zulässig, so wäre sᵃk'iᵃh, nicht hᵃk'iᵃh zu erwarten. Es spricht, wie schon oben gesagt, auch das Vorkommen von 𒆪 nach k' für die Geltung als s'.

Das ursprüngliche s, welches schon im Zend in h oder s' übergeht, wo es nicht durch das Wort-Ende (paçus, âfritis) oder durch einen Consonanten geschützt wird (initial k, auch y, medial vorzüglich t), wird auch im Altp. eine enge Sphäre gehabt haben. Wir haben auch noch kein Zeichen dafür gefunden, obwohl es nicht gefehlt haben wird, und andere Inschriften es ohne Zweifel geben werden. Seine Verwandlungen in s' und h, haben wir oben berührt, so wie die des sv *).

Endlich haben wir die beiden medias der Sibilanten ç und z in 𒅗 und 𒌋 wiedergefunden **).

Wir haben das h oder 𒅗 oben so weit er-

---

*) S. oben S. 32. 88.
**) S. oben S. 71.

läutert, als wir es vermochten, es ist im Ganzen das Zendische, obwohl es nicht ganz dieselben Gesetze hat. Wir haben es nämlich als blosses Adspirations-Zeichen gefunden, wo es nicht mit dieser Geltung im Zend stehen würde, ebenso als Vocal-Zeichen oder Andeuter einer Vocalisation vor dem folgenden Consonanten *). Dieses hängt mit der Vocal-Bezeichnung dieser Schrift zusammen, die durchaus vom Zend abweicht. Dann steht es am Ende nach a, wo das Zend das Prâkrit-Gesetz befolgt und ô bildet. Im Anfange endlich fehlt es in einigen Fällen, wo auch ein ursprüngliches s war. In Namen (aid'us, ar^{a}q^{a}tis'), die fremd her einwanderten, beweist die Weglassung nur die Abneigung der Sprache gegen anfangendes h, welches ihr nicht wurzelhaft erschien. In h^a-k'iab hatte es sich aber mit der Sprache selbst entwickelt und war für ursprüngliches s befestigt. Vor u scheint es aber zu schwinden; woraus dem u eine Behauchung zuzukommen scheint, die ihm eigen ist. Denn es wird âur^a, für Zd. ahura-âhura geschrieben, um^{a}rtihâ H. 9. Zd. humĕrĕ- und uw in der Schrift hat die Geltung von hw = q in der Sprache **). In einem Falle glauben wir es für Skt. h gefunden zu haben, in iha, S. 30.

Halbvocale. ЭГ ist r, wie im Zend, und auch im Altp. fehlt l ***). Für v haben wir zwei

---
*) S. oben S. 32. 59.
**) S. oben S. 107.
***) S. oben S. 67. 70.

Zeichen gefunden; eines initial, 𝕪𝕪, in Wörtern, wo im Zend v steht; ein anderes ⊱⊦ sowohl initial als medial und zwar, wo im Zend auch v stehen würde, wie wᵃsʿnâ, Zd. vaçnâ*) dañghâwa = Zd. dañghâvô. Nach Censonanten sind keine entscheidende Beispiele von w, so wie keine, dass es wie das Zendische = bʿ = ʷ sey. Es scheint also, dass sich beide labiale Halbvocale anders als im Zend unterscheiden und w den behauchtern Ton zu haben, während v bis jetzt nur vor dem weichern i steht. Ob v medial auch vor i steht, muss die Zukunft lehren; ob es medial eine andere Form annehme, als das Zendische v, werden wir sogleich untersuchen.

Ich habe in den Fällen, wo ich glaube 𝕪𝕪 als Halbvocal fassen zu müssen, oft ein y gesetzt; das Zeichen verändert sich aber nicht. Aus der Bemerkung, dass das s der Nominative sich nach einigen i in sʿ, nach andern in h verwandelt, geht sattsam hervor, dass einige als iᵃh zu lesen sind, mithin dass mediales i auch = y sey. Also steht für den Halbvocal in der Mitte der Vocal, wie im Zd. ii = y. Hievon sogleich mehr. Ob nun initial ein besonderes Zeichen für y vorkomme, wie ich vermuthe, muss die Zukunft auch lehren. Neben s scheint dieses aber der einzige Consonant, für den wir noch den Charakter in andern Inschriften zu erwarten haben.

---

*) Dass es nicht u sey, geht sehr deutlich aus pśuwaśna A. 10. L. B. 7. hervor.

Betrachten wir aber die Reihen der Consonanten ihrer Anzahl und grammatischen Geltung nach, so zeigt sich eine durchgreifende Verwandtschaft mit dem Zend, die das innerste Lautsystem der Sprache regelt, ohne deshalb einzelne Abweichungen auszuschliessen. Kommen wir zu den Vocalen, finden wir eine weit grössere Verschiedenheit. Sind die Consonanten der Leib, die Vocale die Seele der Sprachen, so beseelt ein sehr verschiedener Geist im Altpersischen und Zend zwei beinahe identische Körper.

§. 6. Vocale.

Die Vocalzeichen, die wir bisher behandelt haben, waren ⟨≿⟨, als initiales a, 𓏢, langes â, 𓏢, i, ⟨𓏢, u, so wie wir gesucht haben zu zeigen, dass der Laut a im Innern der Wörter nicht ausdrücklich geschrieben, sondern dass dem Lesenden seine Einschaltung überlassen blieb *). Bis auf den Umstand, dass i und u sich nach Sanskritischer Regel kurz erhalten, wo das Zend sie mitunter verlängert, stimmt auch die grammatische Erscheinung jener Laute mit ihrer Zendischen Geltung überein.

Da nun aber, um zuerst davon zu reden, a von â in der Schrift unterschieden wird, so lässt sich ein ähnliches von i und u erwarten.

---

*) S. oben S. 49 — 60.

Es findet sich ein Zeichen, welches mit i grosse Aehnlichkeit hat, davon aber bei Niebuhr immer unterschieden wird, 𒅅. Nur Porter hat einmal H. 9. ein 𒅅 für Niebuhr's 𒅆 gesetzt, wohl aus Versehen. Ist dieses nun ein i, so muss es ein langes seyn und diese Bedeutung passt, so viel ich finden kann, wirklich. B. 6. steht dann imam. tîrᵃm. tîra im Skt. bedeutet eigentlich Furth, daher Ufer, von tri, durchgehen. tîra als Durchgang, Pforte, gefasst, ist eben die in jener Stelle geforderte Bedeutung. 𒅅 findet sich beständig in dem Worte 𒀭 𒅅 𒅆 𒀸 H. 11. 16. I. 9. 20. also nach a, vor â und wird da wohl als Halbvocal gelesen werden müssen. ayâ, Accus. ayâm, hat kein Bedenken als Wortform, nur die Bedeutung scheint nicht ganz sicher. Vielleicht führt das Skt. aya, Glück, darauf. In den Stellen, wo es vorkommt, wird die Bedeutung: Verehrung, Huldigung, erwartet.

Endlich steht 𒅅 in zwei Wörtern vor 𒅆. I. 23. L. B. 14.

Hier muss es wieder Vocal seyn. aqîyah. âwᵃsîyah. Auch hier scheint das lange î annehmbar; îya ist ein bekanntes Affix im Skt.

Scheinen nun i und î als Vocale in der Schrift geschieden, so fragt es sich, wie der Gebrauch beider Zeichen als Halbvocal sich unterscheidet? Das Zend giebt hier keine Aufklärung, da es nur das i in seiner Verdoppelung als y in dem Inlaute gebraucht. Es scheint ein feiner Unterschied der Aussprache zu seyn. In der That, in âpiᵃh A.

13. hak'iᵃh I. 19. wie in îiᵃh = îyᵃh schwebt der Halbvocal zwischen dieser Geltung und der eines Vocals; er verschwindet gleichsam in dem vorhergehenden î und wird ihm gleich, und âpyᵃh gränzt an âpïᵃh. In ayâ ist dagegen die consonantische Natur entschieden und daher wird zu diesem Zweck das längere î gebraucht.

Das anlautende y habe ich schon als das zweite noch fehlende Schriftzeichen hingestellt.

Es findet sich ebenso neben ⟨ᚏ ein ⟨ᚏ, welches sich als eine andere Art des u d. h. û ankündigt. Doch ist dieses zweifelhaft. I. 20. ist die Stelle vor ⟨ᚏ schadhaft und vielleicht ⋝⟨ ᚏ zu lesen. L. B. 1. steht ⋝⫶ ⟨ᚏ ⟨ᚏ ⊦ᚏ ⋎. Wenn hier auf Le Brun zu bauen wäre, so müsste ⟨ᚏ als v gelesen werden (buvam, Skt b'uvam, die Erde; die Bedeutung ist sicher). ⟨ᚏ wäre also mediales v, nämlich das schwächere v, welches sich hier nur aus dem vorhergehenden u entwickelt und die einsylbige Aussprache bum verhindert. Wir werden also allerdings hier auf den Unterschied von v und w wieder zurückgeführt. Es folgt aber hieraus nicht, dass ⟨ᚏ für û stehen könne; wie dieses bezeichnet wird, kann ich nicht nachweisen.

Der Skt. Vocal ऋ, der im Zend ĕrĕ geschrieben wird, findet sich in den Inschriften nur in der gunirten Form; wie er nicht gunirt geschrieben wird, ist also noch zu entdecken.

Gehen wir bei den Diphthongen von den einfachen Grundsätzen des Skts. aus, so bilden i und u als zweite Elemente eines Doppelvocals mit a das a i = ê, und das a u = ô, mit â, ebenso â i und â u. Das Devanagari hat dafür besondere Zeichen.

In der Keilschrift haben wir a u gefunden, wo es Sanskritisches ô gilt; so finden wir auch a i (a i dʿu sʿ), wo es Sktsches ê gilt. Ebenso lässt sich a usʿa d a h H. 3. betrachten.

Ein anderer Fall, wo a i = ê nach dem Sanskrit zu erwarten wäre, ist t h i sʿâ m. Ist 𒅗 𒅆 die Form des medialen a i? Doch wie auch diese Orthographie erklärt werde, so geht doch daraus hervor, dass ê und ô als Sktsches a i und a u durch Zusammenstellung, nicht durch besondere Charactere bezeichnet werden.

Dasselbe scheint nun auch auf die Reihe â i und â u zu passen. Da 𒉿 sich überall als Halbvocal zeigt, dürfen wir nicht in 𒅆 𒉿 einen Diphthong â u suchen, sondern das w. ist als Halbvocal vocalisirt. 𒌋 hat sich dagegen immer als Vocal bewährt und â u müsste daher die Form 𒅆 𒌋 haben.

Hier stellen sich aber nun Zweifel entgegen. Ich zähle zuerst die Beispiele auf:

â u r a m a z d â scheint nach dem Zend a h u - r a m a z d â nicht einen Diphthong, sondern zwei getrennte Vocale zu erfordern.

d a ṅ g h u bildet den Accus. — 𒅗 𒅆 𒌋 𒉿 𒁹 den Genitiv Sing. — 𒅗 𒅆 𒌋 𒀹 𒁹. Ist dieses nun d a ṅ g h â u m, d a ṅ g h â u sʿ od. d a ṅ g h â - v a m, d a ṅ g h â v a sʿ, zu lesen? Da der Nom. Plur. —

𒆜 𒐊 𒑊 𒀸 daṅghâwᵃ geschrieben wird, so wäre auch für die Endungen des Genitivs und Accusativs âwᵃs, âwᵃm zu erwarten, wenn nicht wirklich eine Contraction einträte. Man sieht aber leicht, dass die Formen daṅghâwᵃs, daṅghâwᵃm das a vor der Endung verlieren, und w zum Vocal zurückkehrt. Für die Diärese spricht dann auch âurᵃmᵃzdâ selber.

Schreibt nun aber die Keilschrift für den Diphthong âu auch 𒐊 𒍑 oder auf andere Weise und mit welchem Zeichen? Etwa 𒐊 𒍑? Hierauf kann ich aus den Inschriften nicht antworten.

Dieselbe Frage lässt sich auch über âi aufwerfen; hier ist aber das gegebene Material noch unfruchtbarer. 𒐊 𒐊 𒑊 𒅓 𒀸 A. 3. 5. lässt sich âiwᵃm und âyᵃwᵃm lesen; und die Frage ist, ob 𒐊 𒐊 oder 𒐊 𒐊 der Diphthong sey.

Es ist aber klar, dass die Schrift verschieden verfahren musste in Beziehung auf die Bezeichnung dieser Diphthonge, je nachdem das zweite Element, i und u, der Verwechselung mit den Halbvocalen y und v ausgesetzt war oder nicht. Bei ai und au war dagegen das Bedürfniss, das a durch die Schrift zu bezeichnen, damit ai und au nicht auf i und u herabgesetzt würden. Dann ist noch der Fall denkbar, dass bei ai und au neben der vollen (z. B. Deutschen) Aussprache, auch eine contrahirte (z. B. Französische, ê, ô) sich bildete. Kam die letzte Aussprache vor, so musste a mit i und u auf eine Weise verbunden werden, dass die vereinigten Zeichen nicht a i und a u, sondern ê und ô anzeigten, oder es mussten geradezu eigene Zeichen dafür erfunden werden. Das Devanagari gebraucht für das ê die zweite Weise (अइ = ए), für ô die erste (अउ = ओ). Unsere Schrift scheint die erste Weise zu befolgen, wenn 𒀹 𒀸 = ê und 𒀭 𒀸 = ô ist.

Für ê habe ich nur das Beispiel th isʿâm. Für ô hoffe ich ein etwas sichreres anführen zu können. Beide Formen, die hier für a stehen würden, beweisen aber, dass die Bezeichnung dieses Vocals aus dem h erwachsen ist. Die dritte Form wäre dann ⟨, wenn ⟨≻⟨ aus ⟨ und ≻⟨ wirklich zusammengesetzt ist *).

Um nun aber 𒀭 𒀸 als ô wahrscheinlich zu machen, muss ich die Inschrift von Murghab eigens hier behandeln.

Diese ist mit so vielem Fleisse von Sir Robert Ker Porter copirt worden, dass ich glaube, auf seine Abschrift mich allein beziehen zu können. Sie ist bekanntlich zuerst von Morier entdeckt. Porter hat nur einen einzigen Fehler, der vielleicht nicht einmal ihm zur Last fällt, sondern seinem Graveur; nämlich am Ende des dritten oft genug vorkommenden Wortes, wo er ein 𒀹 oder ç für ein 𒀹 oder h gesetzt hat. Sie ist diese: 𒀸 𒀸 𒀹 ⟨ 𒀭 𒀸 ≻⟨ 𒀸 𒀸 ⟨ 𒀹𒀹 ⟨ 𒀸 𒀹 𒀹 𒀸 𒀹 ⟨ ⟨≻⟨ 𒀹𒀹 𒀸 𒀹 ≻⟨ 𒀸 ⟨ 𒀸 𒀹 ⟨.

---

*) S. oben S. 54. 56.

Ich lese: âdᵃm. ôsʿusʿ kʿsáhᶴiᵃh. akʿâmᵃ- nisʾiᵃh. Das sʿ gegen das Ende hat den Strich verloren, ⟨⟨ für 𝕫, und das a im Anfange des letzten Wortes ist ⟨⇢⟨, beides auch wohl Versehen Porters.

Porter bemerkt, Travels I. 489. über diese Inschrift folgendes: It is perfectly uninjured and so clear and sharp, that it seemed scarcely possible so mistake a wedge. This I copied with as much care and accuracy as etc. Er bemerkt ferner, dass sowohl Morier als Sir Gore Ousely in ihren Abschriften abweichen. Da die Inschrift so oft wiederkehrt und Porter auf die Abweichungen seiner Vorgänger aufmerksam geworden war, so dürfen wir wohl auf seine Abschrift als die genaueste uns berufen und sie hat in der That nur Einen eigentlichen Fehler. Doch bleibt es auffallend, dass sich dieser Fehler finden sollte, da die Inschrift so oft wiederkehrt. Er sagt S. 505.: J shall now speak of the inscription, which is so generally met with on all the pillars etc. of the place and without deviation of a single curve. Hätte der Steinhauer wohl einen Fehler so oft wiederhohlt?

Die einzelnen Worte glaube ich passender bei ihrem anderweitigen Vorkommen zu erklären âdᵃm = posui, akʿâmᵃnisʾiᵃh = Achaemenius. Also: posui Osʿusʿ rex Achaemenius.

Hr. Grotefend hat den Namen Kusruesch d. h. Koresch oder Cyrus gelesen. Dieses hängt mit seiner Ansicht über Pesargadae zusammen, welches er in Murghab findet. Immer zeigt es aber eine grosse Willkühr gegen sein eigenes System, dass er einen Buchstaben, den er sonst richtig mit s‘ (sch) wiedergiebt, hier einer Hypothese zu gefallen, plötzlich in sr verwandelt.

Auf die Streitfrage, ob das bei Murghab gefundene Grabmal das des Cyrus sey, oder nicht, lasse ich mich nicht ein. Denn dieses Monument hat jetzt keine Inschrift, und die übrigen können einen andern Erbauer haben. Dem Porter schienen die Inschrift-tragenden einen spätern ägyptisirenden Stil zu haben. Das vermuthete Grabmal hat aber früher vielleicht eine gehabt: Porter 5oo.: „I searched everywhere for some trace of a cuneiform inscription, but in vain; the place where most likely such a one would have been, if any existed within the tomb, is on the right of the entrance; but it has probably been obliterated to make room for the present open scroll in the Saracenic taste."

Wenn nun der in den Inschriften bei Murghab vorkommende Name nicht der des Cyrus seyn muss, so hat die Frage über Pasargadae und Cyrus Grabmal nichts mit dieser Untersuchung zu schaffen.

خورشید enthält zuletzt, wie جمشید, das Zendwort k‘s‘aêta, Altp. wahrscheinlich k‘s‘aita, König. Das übrig bleibende k‘ur bedeutet aber Sonne: Etym. Magn.: Κόρος, ὁ βασιλεὺς τῶν Περσῶν, ὁ παλαιός. Ἡλίου γὰρ ἔχει τὸ ὄνομα. Κοῦρον γὰρ καλεῖν εἰώθασιν οἱ Πέρσαι τὸν Ἥλιον. Kur

ist aber das Zendische hvarĕ, Gen. hûrô *)
Also hvarĕ. k'saêta. Auf hv führt auch das
neuere خر.

Wir müssen also einen andern Namen suchen. St. Martin las hus'us' und erklärte Ochus.
Das letztere gewiss mit Recht. Denn unter den
Achämenidischen Königen kommt kein anderer
Name vor, der auf die Charaktere passt, sey es
nun der als der dritte Artaxerxes, oder der als
der zweite Darius in der Geschichte bekannte
Ochus.

῍Ωχος hat ein χ für das s', eine Aussprache,
nach welcher upnekhat aus upanis'ad geworden. Es ist im Grunde die analogische Durchführung des Princips, wonach s in h übergeht;
das adspirirte s oder s', geht also in k' über,
hier in der Aussprache, die wir bei den Griechen
finden, in ak'âmanis'iah in der Sprache selbst,
wenn ich das Wort recht erkläre. Auch wird
die wahrscheinliche Etymologie des Wortes zur
Bestätigung dienen können. Der Name lässt sich
da wir waçnâ für Zd. vaçnâ gefunden haben,
mit dem Namen uç, dem König kaikaus in
Verbindung setzen. Yaç. 433. ôs'u ist wohl der
gehorsame, fromme, oder aus dem Geschlechte des
Kavâ-uç.

Es scheint mir, dass wir für 𒁹 𒌍 als ô ein
triftiges Zeugniss in ῍Ωχος besitzen und dass die
Figur eben das ist, was wir zu erwarten hatten,

---

*) Y. N. LXVI. V. S. 135.

eine solche Prägung des a, dass es nicht als der selbständige Vocal, sondern als Theil eines Doppellautes erschien. Wenn diese Untersuchung, die aus Mangel an Stoff nothwendig unvollständig und hypothetisch ausfallen musste, gebilligt wird, haben wir im Altpersischen die Diphthonge a i - a u, ê - ô, â i - â u anzunehmen, von denen a i - a u und â i - â u durch neben einander Stellung der beiden Elemente, ô aber durch eine eigenthümliche Verschmelzung des a mit u, ê endlich durch Verbindung des für a gesetzten h mit i bezeichnet wird.

Die noch zu findenden Zeichen wären nach dieser Musterung s, initiales y und langes u.

Ich habe für die Vocale das Sanskrit zur Richtschnur gewählt, weil wir keine Spur des Zendischen Vocalsystems mit seinen getrübten, gespaltenen und sich vielseitig bedingenden Lauten gefunden haben: keine Epenthesen des i und u, keine Einwirkung des y und der Labialen auf a (yêçnya, môuru, pôurutĕm), keine Trübung des auslautenden âm in a͂m. Auch ist keine Spur des ĕ oder è, wenn man nicht annehmen will, dass dem inhärirenden a mitunter dieser Ton zukomme. Auch keine Spur des a ê oder a o, a ô für ê und ô. Doch haben wir eine Spur einer ähnlichen Spaltung des Sanskritischen ê und ô, wie im Zend, wo a ô neben a o, ê neben a ê steht, wenn im Altp. ô neben a u steht, und ai wirklich verschieden ist von 𐎡𐎠 = ê. Hier wollen wir jedoch kein grosses Gebäude auf so schwache Fundamente aufführen.

Diese Vergleichung geht aber über die Schrift hinaus; wenn von blossen Schriftzeichen die Rede ist, so hat das Altp. a, â, i, î, u und wahrscheinlich û, wie im Zend. Es hat eine Ligatur für ô, wofür jedoch im Zend das Zeichen zwiefach modificirt wird; vielleicht eine für ê, wie das Zend. Für ĕ und ĕ natürlich keine Zeichen. Die höchsten Diphthonge, âi und âu, haben auch im Zd. keine besondere Charaktere in der Schrift und âo ist eine Ligatur, die im Altp. überflüssig war. Die grosse Verschiedenheit liegt nur in der Verbindung der Schriftzeichen, die durch die innere Lautgesetze der Sprache bedingt ist.

§. 7. **Zweifelhafte Buchstaben, Varianten, Fehler.**

Ausser den bis jetzt behandelten Buchstaben finden sich noch einige wenige, die nicht fehlerhaft zu seyn scheinen und deshalb eine Untersuchung erheischen, theils weil sie etwa die noch gesuchten seyn könnten, theils weil Buchstaben, die sich unserm Alphabete nicht einfügen wollten, seiner Gültigkeit offenbar Abbruch thun würden.

Ich gehe daher die Inschriften in dieser Beziehung durch. I. 20. steht: 𒀭 𒁹 𒆜 𒀭 𒀸. Porter lässt das zweite Zeichen ganz weg; da er es völlig verwischt fand, dürfen wir schon eine anfangende Schadhaftigkeit bei Niebuhr annehmen, und ⟨cun⟩ dafür setzen. Für das 3te Zeichen setzt Porter ⟨cun⟩, das Niebuhr'sche ist aber ein noch unbekanntes. Es findet sich öfters ein mit âwᵃ anfangendes Wort, dessen zweiter Consonant ein Sibilant ist. L. B. 14. âwᵃsïyᵃh. L. B. 2. ⟨cun⟩ ⟨cun⟩ ⟨cun⟩, aber ⟨cun⟩ ist offenbar für ⟨cun⟩, also âwᵃzᵃ. Da nun z und ζ wechseln, so scheint Porter's ζ Auctorität zu haben, âwᵃζâ, âwᵃzᵃ, âwᵃsïyᵃh. Wäre ⟨cun⟩ ächt, so würde man es für s halten müssen. Umgekehrt hat Porter I. 1. ⟨cun⟩ im Nominativ des Wortes König, wo sonst ⟨cun⟩ steht. Ist denn ⟨cun⟩ eine Variante von ⟨cun⟩ oder ein blosser Fehler? An dieser letztern Stelle wohl gewiss, zumal da Niebuhr auf demselben Original nichts der Art gefunden hat.

H. 1. Im zweiten Worte bei Porter steht ⟨cun⟩ für ⟨cun⟩ bei Niebuhr. A. 23. hat Porter für diesen Charakter ⟨cun⟩; mehrere Male ⟨cun⟩. Es sind alles wohl nur Schreibfehler, kaum zulässige Varianten.

H. 6. im zweiten Worte hat Porter ein ⟨cun⟩ für Niebuhrs ⟨cun⟩. Aber die Lesart i h â ist unverdächtig und es hat sich wohl nur der Worttheiler bei Sir Robert verdoppelt. Er hat ebenso das â des Wortes in m verwandelt und giebt dem h des folgenden Wortes dᵃñghâus' die unerhörte Form ⟨cun⟩ ⟨cun⟩.

H. 7. und A. 5. steht ⟨cun⟩ für p. Es hat Niebuhr aus Versehen die drei Querstriche in die

Stelle der verwischten Senkstriche hinuntergerückt.

II. 9. am Ende hat Porter 〈Zeichen〉 für Niebuhrs 〈Zeichen〉. Hätte er ein anderes Original vor Augen gehabt, so wäre es ein Beweis, dass beide Zeichen wechseln könnten, so ist es aber ein Fehler.

A. 6. Für das t in f^r^{a}mâtâr^{a}m hat Porter 〈Zeichen〉. Niebuhr hat das gewöhnliche t. Ist dieses ein Versehen Niebuhrs und 〈Zeichen〉 eine erlaubte Variante für 〈Zeichen〉? Denn gerade dieser Art ist das öfters vorkommende 〈Zeichen〉 für 〈Zeichen〉 und es wäre daher möglich, dass 〈Zeichen〉 und 〈Zeichen〉 dasselbe wären. Eine Variante ähnlicher Art habe ich in 〈Zeichen〉 für 〈Zeichen〉 angenommen, ja die Variante hat mir das Ansehen des ächtern Charakters.

I. 8. hat Porter 〈Zeichen〉 für Niebuhrs 〈Zeichen〉, welches aber zu oft und sicher vorkommt, um Porters Figur auch nur als Variante gelten zu lassen.

I. 23. hat Porter 〈Zeichen〉 in einem Worte, welches ich nicht verstehe. Niebuhr hat das regelmässige t dafür.

Diese Durchmusterung giebt also folgendes Resultat: Neue Zeichen, die aber zweifelhaft sind: 〈Zeichen〉, wohl Variante für 〈Zeichen〉; dann 〈Zeichen〉, welches sich auch bis jetzt keiner genügenden Auctorität erfreut. Varianten: 〈Zeichen〉 = 〈Zeichen〉, sicher; 〈Zeichen〉 = 〈Zeichen〉, zweifelhaft; 〈Zeichen〉 = 〈Zeichen〉, ebenso; 〈Zeichen〉 = 〈Zeichen〉, zweifelhaft.

Wenn unter den neuen Zeichen sich ächte finden sollten, müssen sie die von uns leer gelassenen Stellen einnehmen, oder unser Alphabet ist mangelhaft. Nur neue Inschriften können darüber entscheiden.

Ich erwähne gar nicht der Varianten, die sich auf blosse Verwischung einzelner Züge gründen oder durch ein anderweitiges Vorkommen des unverstümmelten Wortes sich als Fehler oder Schaden erweisen. Aus Le Brun würde man eine Menge der Art sammeln können. Es wäre aber ein reiner Zeitverlust und die nachherige Bearbeitung einer seiner Inschriften wird die Art dieser Varianten genugsam ins Licht stellen.

Es wird erspriesslicher seyn, das gewonnene Alphabet geordnet, mit der Deutschen Bezeichnung begleitet, dem Leser vorzuführen.

Vocale.

⟨≿⟨, a, initial. 𝍅, â. 𐎡, i, 𐎡⟩, î. ⟨𐎡, u. (⟨𐎡, û?).

Besonders geschriebene Diphthonge: 𐤟⟩ 𐎡, ê. ⟨𐤟 ⟨𐎡 ô.

Consonanten.

𐎣, k. ⟨𐎣, k'. ⟨𐎣⟩, g. ⟨≿ (≿⟨⟩?) g'. ⟨𐎡 ⟩𐎣, q.
≿𐎣, k'. ⟩⟨≿, g'.
≿𐎣 (⟩𐎡), t. 𐎣⟩, t'. 𐎡, d. ⟨𐎣, d. 𐎡, t'.
𐎡, p. 𐤟⟨, f. ≿𐎡, b.
𐎡⟩, 𐎡, y, medial. ≿𐎡, r. 𐎡, v, initial. (⟨𐎡, v, medial?) ⟩𐎣, w.

𐎨, ç. 𐎼 oder 𐎿, s'.
𐏁, ṣ. 𐎫, z. 𐏃, h.
𐎯 n̄g, medial. 𐎴, n. 𐎴, n̄. 𐎷,
m. 𐎶, ʽm (?).

§. 8. Erklärung der Inschriften.

Ob eine Entzifferung viel Zutrauen verdiene, wenn man durch sie nicht in den Stand gesetzt wird, einen verständlichen Text aufzustellen, will ich hier nicht untersuchen. Jeder wird aber zugeben, dass sie an Zutrauen unendlich gewinnen muss, wenn sie uns erklärbare Worte und regelmässige grammatische Formen darbietet. Ich versuche also die mir bekannten Inschriften zu erklären, indem ich sie mit dem obigen Alphabete lese.

Ich bediene mich zur Aufklärung der Formen und Wörter natürlich des Zends und Sanskrits, indem ich mich zuerst der Lautgesetze der drei verschiedenen Sprachen zu vergewissern gesucht habe. Das Zend steht natürlich am nächsten, als Sprache eines in Sitten und Lehren am meisten verwandten Volkes; für die Wörter ist daher zunächst eine Zendische Bedeutung aufzusuchen und das Zend muss für das Altpersische das seyn, was das Sanskrit ist für das Zend.

Es wird dieses noch mehr seyn, wenn wir es vollständiger als jetzt kennen werden, und wenn ich öfter meine Zuflucht zum Sanskrit nehme, so ist es nur, weil das Zend mir noch keine hinreichende Auskunft gab. Wir sind weit davon entfernt, den ganzen Sprachschatz des Zends auch nur in einer rohen Zusammenstellung übersehen zu können. Jeder ist auf seine eigenen Sammlungen beschränkt.

Wenn ich nun einige Wörter unerklärt lassen muss, andere nur zweifelnd deute, so ist zu erwägen, dass in diesen Inschriften eine sehr geringe Masse von Texten vorhanden ist, auch viele ἅπαξ λεγόμενα darin vorkommen.

Die Inschriften der Pariser Vase, wie die von Murghab, erhalten ihre Erklärung durch die andern Inschriften, und sind oben schon gegeben worden. Es bleiben also die Niebuhr'schen und eine Le Brun'sche.

Ich fange daher mit Niebuhrs Inschrift B. an. Siehe am Ende die Tafel der Inschriften.

Diese Inschrift kommt immer über den Thüren vor, über dem Bilde des Königs, der den Sonnenschirm- und Fliegenwedel-Träger hinter sich hat, beides, wie bekannt, auch in Indien Insignien hoher Würde *).

Es ist nur ein Fehler in der Inschrift. Z. 2. am Ende des ersten Wortes steht ⊱ für ⊨, wie es sonst ist I. 1. A. 8. 16. G. 1. H. 1. und in dem Gen. Faem. des Wortes A. 13.

Le Brun hat (132.) auch diese Inschrift, aber die Anfänge der Zeilen um mehrere Zeichen ver-

---
*) S. Niebuhr S. 138.

stümmelt, wie, glaube ich, schon Hr. Grotefend bemerkt hat.

Ich lese und übersetze: dârhᵃwusʿ. kʿsʿâhȝiah. wᵃzᵃrk. kʿsʿâhȝiah. kʿsʿâhȝihânâm. kʿsʿâhȝiah. dᵃn͂ghunâm. visʿtâçpᵃn͂ghâ. putʿ. akʿâmᵃnisʿiah. ah. imᵃm. tîram. âônusʿ. Darius, rex magnus, rex regum, rex terrarum, Vistaspis filius, Achaemenius. Is hanc portam construendam *curavit.*

Die beiden ersten Wörter sind oben besprochen *), so wie das dritte, welches offenbar das neuere بزرگ, gross, ist. Brauche ich den Titel des grossen Königs zu rechtfertigen? wᵃzᵃrk ist mir im Zend nicht bekannt, noch weiss ich ein entsprechendes Sanskrit-Wort. Hängt es mit dem Zendworte bĕrĕzat, Skt. vrihat, gross, zusammen? Das w im Altp. für Skt. v wäre an seiner Stelle; es wäre eine Versetzung der Buchstaben und eine andere Endung. Den consonantisch auslautenden Nominativ haben wir oben schon oft gefunden **).

kʿsʿâhȝihânâm. Die Form bietet eine Schwierigkeit dar. Nach der Analogie von psʿuwᵃznânâm A. 10. müsste das Thema kʿsʿâhȝiha seyn. Der Nominativ ist aber immer -ȝiah. Der Genitiv wird dagegen geschrieben 𒀹 𒀹 𒀹 𒀹 𒀹 𒀹 A. 15. G. 5. ȝihᵃn͂ghâ; also auch ein Thema auf: ȝihᵃ. Denn visʿtâçpᵃn͂ghâ fügt

---

*) S. S. 37. 78.
**) S. S. 63. 80.

nur n͞ghâ an. Der Accus. ist: ⟨⟨⟨ ⩚ ⟨⟨⟩⟩ ⤏⟩⟩⟩
A. 5. H. 2. Das ⟨⟨⟩⟩ vor m kann hier blos Andeuter des Vocals seyn, und ist es wohl, denn s͛ihâtim L. B. 3. hat das h nicht, weil es ein Thema auf i, also Accus. im hat. ⟨⟨⟩⟩ wird also dem m vorgesetzt, um das Vorhandenseyn eines a vor m und ein Thema auf a anzukündigen. Es ist also hier kein Grund ҫih^am zu lesen. Diese Orthographie kehrt aber wieder bei anderen Wörtern, die auf ia endigen. Es steht m^artihan͞ghâ L. B. 3. von einem Thema auf a (मर्त्य, martya, sterblich, Skt.), dagegen um^artihâ H. 9. von einem Thema auf i.

Das Zend giebt keine Aufklärung; bairyêhê steht neben bairyanâm, es wirkt also das y blos auf das a im Genitiv Sing., nicht im Plur. Daher dürfen wir wohl nicht dieselbe Erscheinung in den obigen Beispielen suchen, obwohl ihr Grund auch im Altp. in dem vorhergehenden i zu liegen scheint. Diese Vermuthung wird aber dadurch beseitigt, dass auch Wörter ohne i ganz ebenso gehen. Der andere Königstitel, der sowohl vom Xerxes als Darius gebraucht wird, giebt uns das Beispiel. Nom. ⤞⟨ ⟨⟨⟩⟩ L. B. 6. 8. Le Brun's Frgm. 133. Accus. ⤞⟨ ⟨⟨⟩⟩ ⤏⟩⟩⟩ L. B. 4. 5. Gen. Plur. ⤞⟨ ⟨⟨⟩⟩ ⩚ ⤞⟨ ⩚ ⤏⟩⟩⟩ L. B. 6. Gen. Sing. ⤞⟨ ⟨⟨⟩⟩ ⟨⤞⟨ ⟨⟨⟩⟩ ⩚ L. B. 9. Also ist auch der Accus. k͛s͛âhҫih^am. Da nun das h am Ende des Nominativs dieser Wörter das verwandelte s seyn muss, wie es dieses ist in aus^ad^ah, H. 3, ah B. 5. H. 1. L. B. 1. 2. 3., so scheinen diese Wörter ihre Flexionen an den Nominativ anzuhängen. Eine Erscheinung, die viel gegen sich hat, namentlich dass die Flexionen an einen stellvertretenden Buchstaben angehängt werden. Warum geschieht dieses aber nicht bei a h â A. 2. H. 7. (Genitiv zu ah)? ahan̄ghâ wäre nicht unerhörter als nah^a-n̄ghâ. Und warum denn die regelmässigen Accusative pâr^aç^am kâram I. 21.?

Dass aber die obigen Wörter etwa nicht ein Thema auf ah (= as) haben, scheint mir durch m^arti^a sicher.

Ich kann die Thatsache nur nachweisen, nicht ihren Grund und ihr Gesetz entwickeln.

Ueber d^an̄ghunâm, vis'tâçp^an̄ghâ, put' ist oben gespr. ak'âm^anis'i^ah. Die Bedeutung, die schon Rask erkannt hat, ist wohl nicht zweifelhaft. Die Ableitungs-Sylbe wird si^a seyn, das s' steht nach i. Ich schliesse dieses aus dem Vorkommen eines Substantivs maini im Zend*), im Sinne von mainyu, Intelligenz, Geist; im Sanskrit lässt manîs'â eine ähnliche ehemalige Form voraussetzen. Ja, wahrscheinlich findet sich das Wort mani in der Stelle I. 20. H. 9. sya ist ein Affix im Zend, wie im Sanskrit. Nicht so leicht ist der erste Bestandtheil des Wortes zu erklären. Da wir aber bei den Genitiven auf hâ sehen, dass ein y nach der Verwandlung des s verschwindet, sein früheres Daseyn aber durch Verlängerung des Vocals bezeichnet, da wir in ôs'us'=Ὦχος, einen

---

*) Yaç. p. 442.

Uebergang in der Aussprache von s‛ in k‛ lernen, so ist ak‛â = dem Zendworte as‛ya, rein, heilig. Also gerade die Erklärung, die Burnouf's Scharfsinn schon früher aufgestellt hat *). Ak‛âmani ist also die nominale Form und diese entspricht genau Achaemenes. Auch ein Sohn des Darius heisst so **).

ah halte ich für Nom. Sing. Masc. des Pronomens a, dieser, welches im Zend und Sanskrit bekannt genug ist. ah für as ist das Sanskritische as - âu; âu ist das gunirte Encliticon u ***). Ueber im ᵃm. tîrᵃm s. S. 49. und. S. 126.

Es bleibt âônus‛. Der Accus. lautet âônwam oder âônᵃwam, A. 22. Diese Stelle ist auch entscheidend für die Bedeutung, den errichtet habenden, also eine Form des Partic. Perfecti Act. Die Zend und Sanskrit-Form ist aber vas, = vats. Ist hier eine Abkürzung davon oder ein nur im Bildungs-Elemente verwandtes Affix? Wahrscheinlich das erstere. Das Thema kann nicht u seyn, da dârhawus‛ im Accus. dârhawum macht. Der Nom. wird also eine Contraction seyn, wie die Zendischen Accusative t‛ris‛ûm für t‛ris‛vêm. Ob âônᵃwᵃm oder âônwam zu lesen, wird davon abhangen, ob w mit n verträglich ist, worüber erst weitere Beispiele entscheiden können.

---

*) Y. p. 16.
**) Herod. III. 12.
***) Siehe Hitop. II. p. 6.

Ob â ô ein gunirtes u oder â Präposition, ô Guna des u sey, ist nicht ganz klar. Doch ist das letztere wahrscheinlicher, da in âbᵃr die Praeposition sicher ist und ôs'us' keine Spur der Guna-Form auf â ô zeigt, wenn man nicht sagen will, dass für dieses Wort eine andere Ableitung zu suchen sey. Eine Wurzel un kenne ich nicht im Zend; im Sanskrit kommt ûn vor in der Bedeutung messen; doch finde ich sie blos bei Wilson. Dagegen ist van eine bekannte Wurzel im Zd. und Sanskrit. Im Zend bedeutet van zerstören *), Eine andere Bedeutung liegt aber in vant'wa, welches mit Versammlung übersetzt wird. hvant'wa (h u v.) steht oft als Beiwort des Dschemschid, so yimâi. çrîrâi. hvañt'wâi V. S. Frgd. II. wo man es mit Haupt der Völker und Heerden übersetzt findet. Die Sanskrit-Wurzel van hat viele Bedeutungen: helfen, dienen, trauen, sich sehnen nach, erwärmen, beschäftigen, anstellen **) (व्यापृतो). Diese scheint auf unsere Stelle zu passen; etwas veranlassen von einem Gebäude ist errichten. Dieses muss doch hier der Sinn seyn. L. B. 4. steht es in dem verwandten zum König erheben, einsetzen. Die Versammlung im Zend wird auch wohl eine Einsetzung, Ein-

---

*) Yaç. 443. cf. V. Sad. p. 45.

Nicht kaufen und verkaufen. S. vyâpârin bei Wilson: motor, cause of occupation.

richtung seyn, und Dschemschid der gute Einrichter, wie Ϝάναξ, der König, Μίδᾳ Ϝάναϰτι in der Phrygischen Inschrift. Der Uebergang des van in un ist bekannt.

Niebuhr's Inschrift J.

Z. 1-7. Varianten, wenn man es so nennen kann, sind folgende: Am Ende des ersten Wortes haben beide 𐎸 für m. Darüber mehr unten. Ueber 𐎧 bei Porter in kʿsâhʒiᵃh siehe S. 136. Niebuhr hat nur 𐏐, woraus also hervorgeht, dass das Zeichen verstümmelt ist. Z. 7. init. 𐎧 für 𐏐 bei Porter. Das übrige sind nur Auslassungen von einzelnen Strichen, wo Niebuhr oder eine andere Stelle das vollständige giebt.

Ich lese und übersetze:

âdᵃm. dârhᵃwusʿ. kʿsâhʒiᵃh. wᵃzᵃrk. kʿsâhʒiᵃh. kʿsâhʒihânâm. kʿsâhʒiᵃh. dᵃ-ñghunâm. têsâm. psʿunâm. visʿtâçpᵃñghâ. puť. akâmᵃnisʿiᵃh. ʒâtiᵃh. dârhᵃwusʿ. kʿsâhʒiᵃh. wᵃsʿnâ. âurᵃmᵃ̆zdâñgâ. imâ. dᵃñghâwa. thâ.

Posui Darius, rex magnus, rex regum, rex populorum horum bonorum, Vistaspis filius, Achaemenius nobili genere. Darius rex voluntate Auramazdis. Hi populi illi.

Die Wörter, die nicht in der frühern Inschrift waren, sind âdᵃm, worüber sogleich; têsâm psʿunâm, worüber s. S. 45. 47. ʒâtiᵃh,

worüber S. 74. waśnâ s. S. 39. âurᵃmᵃzdâṅgâ
s. S. 58. und S. 128. Die Bedeutung des Wortes
bei Burn. Yaç. p. 10. 352. Das Altp. zieht die
abgeleitete Form âhura vor. imâ, Nom. Plur.
Faem. worüber S. 48. so wie über dᵃṅghâwᵃ
und thâ S. 98.

Der letzte Satz geht offenbar auf die Bilder;
dieses hier ist Darius, der nach dem Willen des
Ormuzd König ist, diese hier abgebildeten sind die
Völker, nämlich die eben die **guten** genannt
wurden. Hätten wir andere Inschriften, würden
wir wissen, ob der Ausdruck nicht hier auf eine
besondere gute Eigenschaft bezogen werden müsse,
auf die **Verehrung des Feuers** oder die Bereitwilligkeit der Darbringung des Tributs. In
Babylon konnte es unter den Persern nicht an
Feuerdienst fehlen, von Cappodocien ist es bekannt, von den Sakern in Armenien habe ich es
oben bemerkt; interessanter wäre es zu wissen,
ob die Indier auch diese Deutung zuliessen. Der
älteste Indische Götterdienst giebt sich vielfach als
Feuerdienst kund; die hier erwähnten Indier sind
aber nicht die des innern Indiens, und es könnte
bei ihnen Persischer Einfluss einen mehr eigentlichen Feuercultus hervorgerufen haben, wie in
späterer Zeit Skythische Könige am Indus als
Feuerverehrer auf ihren Münzen erscheinen. Auch
bleibt es bemerkenswerth, dass das Zendavesta
Indien zu den von Ormuzd erschaffenen Ländern
rechnet, unter die von Ahriman dort hervorge-
brachten Uebel blos Hitze und unzeitige Perioden

der Frauen, nicht den Devacultus selbst. Ja, wenn es sich zeigen liesse, dass ein Theil des Hasses der innern Indier jenseits der Sarasvati gegen die diesseitigen *), von einer Verschiedenheit des Cultus herrührte, so wäre, nach Herrn Prof. Ritter's geistreicher Bemerkung, das Sieben-Indien vom Anfange bis zum Niedergange **) zu verstehen, als das am Indus, den fünf Flüssen des Penjabs und der Sarasvati gelegene. Es wäre dieses dann das iranische Indien. Doch dieses nebenbei. Am schwierigsten scheint es mir, die Feuerverehrung bei den Sakas und Mak (Z. 18.) anzunehmen. Oder waren dieses gute turanische Völker?

Der Ausdruck: nach dem Willen des Ormuzd kommt auch vom Xerxes vor, hat also keinen Bezug auf die Weise, wie Darius zum Thron gelangte.

âdam. Dieses Wort steht so Z. 7. wo bei Porter auch m ist. In der Inschrift M. hat Porter es auch wie hier. A. 6. hat Porter âdam, wo Niebuhr âim setzt (𐎹 für 𐎶). Die Entscheidung muss nach der Erklärung des Wortes sich richten.

Es sind nur zwei Vermuthungen, die mir der Erörterung fähig scheinen: dass âdam ein Pronomen sey: dieser, oder die 1te Pers. Sing. Imperf. von dâ = d'â, setzen, und der Präpos. à. âdam, als Pronomen, würde sich auf das Zend

---

*) De Pent. Ind. p. 58.
**) V. Sad. Frgd. I. mit Burnoufs Erklärung Y. N. CXIII.

Pronomen âda, welches sehr zweifelhaft ist *), nicht berufen können; das Sanskrit adas hat ohnehin eine andere Bildung. âdᵃm als Verbum hat dagegen für sich, dass âdâ entschieden als 3te Pers. Sing. dieses Tempus von â + dâ vorkommt, gerade mit der Zendischen Bedeutung: erschaffen, L. B. 1—4. Das abgeworfene t der 3ten Pers. erregt allerdings Bedenken **), doch ist dieses vielleicht eine Einwirkung der gleichlautenden Endung des Perfects âdᵃdâ H. 3. oder es ist, wie im Griech. ἔδω. Auch in frâbᵃr H. 3. 7. fehlt das t, doch ist hier der Fall ein anderer, nach r muss es auch im Skt. abfallen, wie überhaupt nach Consonanten. An der Bedeutung von âdâ kann aber kein Zweifel obwalten. âdᵃm als erste Person ist gegen die sonstige Altpersische Regel verkürzt und mehr als im Zend âdã̄m, wo das nasalirende ã̄ gewiss länger ist, als das rein kurze a.

Dass ich dʻâ, nicht dâ als Wurzel nehme, gründet sich auf die auch im Zend eingerissene Umgestaltung des ध in द. Doch scheint im Altp. das dʻ nicht unter den Bedingungen wieder einzutreten, wonach es im Zend erscheint ***)

Die 1ste Pers. werden wir in andern Inschriften wiederfinden.

---

*) Burn. observ. p. 10.
**) Im Zend adʻât. V. S. 130.
***) Yaçna I. 358.

Die angebliche Uebersetzung der Grabschrift des Cyrus ist auch in der 1sten, die (vielleicht hierin eben nicht treue) bei Herodot einer Inschrift des Darius in der 3ten *).

7—10. Z. 8. bei Porter fehlt das â nach pâraçâ; im 1sten Worte hat er 𐎧𐎼 für 𐎧.

Ich lese: âd^{a}m. âd^{a}rśi^{a}h. adâ. anâ. pâr^{a}çâ. kârâ. thâ. ayâm. ât^{a}rç. m^{a}nâ. bâg'i^{a}m. âb^{a}r.

Posui debellator. Heic hi Persae ministri. Isti (populi) adorationem igni, mihi tributa attulerunt.

âd^{a}rśi^{a}h. â ist ohne Zweifel die Präepos. i^a ein Verbal-Affix, gleich h^{a}k'i^{a}h. I. 19. 22. Die Wurzel wird ohne Guna seyn, also = Zd. dĕrĕs, Skt. दृश्, d'riś. Das Affix ya hat im Zend oft active Bedeutung, nicht wie im Skt. passive oder die der Nothwendigkeit (kârya, faciendum). qarĕtô. bairya, Nahrung bringend, V S. 143. (38. Ols.).

दृश् im Skt. ist: überwältigen. Ein Zendisches Beispiel ist V. S. 79. vâtĕm. darĕśĕm. mazdadâtĕm. yazmaidê, wir verehren den Wind, den Gotterschaffenen, den bezwingenden. Diese Stelle findet ihre Erklärung durch eine der Siruze (p. 291. Kleuk.): Lobpreis dem Winde zur Hülfe der Menschen für's Gesetz kämpfend. Es liegt also wohl in âd^{a}rśi^{a}h entweder: ich erbauete den Pallast, jene Völker beherrschend,

---

*) Strabo XV. Pers. §. 7. 8. Herod. III. 88.

oder es geht auf einen besondern Sieg.: ich erbauete den Pallast, als Sieger.

adâ ist abgeleitet von a, wie tadâ im Skt. von ta, oder idâ von i (siehe Anmerk. zum Git. Gov. V, 14.). Das Zendische adâ *) wird auch gewiss adâ geschrieben seyn. Die Bedeutung scheint aber eher die Zendische von atâ, dort, dabei, als alsdann zu seyn. Es kommt darauf an, ob kârâ (Skt. kâra, Thäter, Bothe, Diener) heisst: die Perser waren Gehülfen beim Siege, oder sie sind die Diener bei der Vorführung der Völker, wie die Basreliefs die Sache darstellen. Ich will darüber nicht entscheiden.

ânâ habe ich für das Skt. Zendische **) Pronomen ana, dieses, genommen, doch genügt mir die Erklärung wenig wegen der Verschiedenheit der Quantität der ersten Sylbe. Wenn ich später Recht haben werde, eine Altp. Wurzel nâ in der Bedeutung der Sanskritischen nî anzunehmen, könnte âna zusammengesetzt seyn aus â, Präp. und na für nâ, also Anführer. Doch ist dieses ungewiss. Die Endungen â stehen natürlich für âs, Nom. Plur. Masc.

Nach pâraçâ scheint Niebuhr aus Versehen â wiederhohlt zu haben, wie durch I. 21. klar wird. Sonst müsste â für âs stehen, d. h. für âst, war. Ind. Bibl. III, 78. Auch âbar, hat singulare Form. für die des Pluralis. thâ Z. 9.

---

*) V. S. 63.
**) V. S. 13. 80.

muss die faeminine Endung haben, weil es auf $d^a n \bar{g} h \hat{a} w^a$ geht, wenn nicht die Zendische Verwirrung der Genera im Pluralis auch im Altp. anzunehmen ist.

ayâm, Accus. von ayâ, scheint in den Stellen, wo es vorkommt, die angegebene Bedeutung zu haben. Ich kann das Wort im Zend nicht nachweisen: im Sanskrit nur ayằ, Glück, Heil. Ich lese $\hat{a} t^a r ç$, weil der Zendische Genitiv $\hat{a} t \hat{r} \hat{o} =$ âtras, im Altp. das s in h verwandeln würde. Da něrě im Zend nars bildet, hat $\hat{a} t^a r ç$ kein Bedenken.

manâ, Zend mana, mir, meiner. V. S. 123. 124.

bâg'iam ist erklärt. S. 118. Ob nicht bâg'im als Contraction zu lesen, wie im Zd. dâitim für dâit'yem?

âbar von běrě = ꭡ, â wird die Präpos. â ꞇcyu, worin das Augment a verschwindet. Hier ist die Endung des Pluralis nt abgeworfen oder der Plural hat das Zeitwort im Singular.

10—18. Da die Varianten aller Namen, so wie ihre Bedeutung, oben ausführlich erörtert worden, habe ich nichts zu thun als sie hier im Zusammenhange herzusetzen: Choana, Media, Babylon, Arbela, Assyria, Gudrâha, Armenia, Cappadocia, Çapardia, Hunae; tum hi Usçangae; porro hi Drangae; porro regiones hae; Parutes, Açagartia, Parthae, Zarangae, Areiae, Bactria, Çug'dia, Chorazmia, Zatag'adus, Arachosia, India, Gadar, Çacae, Maci.

18. 19. Porter hat für kʻ in kʼsʼâhȝiᵃh nur ⟪[ ].
ȝâtiᵃh. dârhᵃwusʻ. kʼsʼâhȝiᵃh. hᵃkʼiᵃh.
Nobilis Darius rex domitor. Ueber das letzte Wort s. S. 118.

20. Ueber das 𐎹𐎡 und die Wahrscheinlichkeit, dass es ein Fehler sey, s. S. 136. Aber auch âwᵃȝâ will sich immer nicht zur Deutung hergeben. Da es L. B. 2. ein Beiwort des Himmels ist, lässt sich erhaben, ewig, oder ähnliches leicht vermuthen. Aber welcher Casus? Leider ist das folgende verstümmelt. Niebuhr hat ▶𐎹 [ ] ⟨𐎡 — Porter lässt alles vor 𐎡 weg, und seine Lücke, wenn sie zuverlässig ist, würde nur Ein Zeichen als verlohren angeben. Dann wäre es ▶𐎹 ⟨𐎡 𐎹▶ 𐎡 ⟨𐎡 𐎹▶ ◦ Doch da Niebuhr ▶𐎹 mit einer so grossen Lücke angiebt, dass 𐎹 𐎡 sehr wohl hineingeht, schlage ich: ▶𐎹 𐎡 𐎡 𐎹▶ 𐎡 ⟨𐎡 𐎹▶ ◦ vor. mᵃni haben wir im Namen der Achämeniden gehabt, wir haben das Wort noch H. 9. Ist's nun hier das ganze Wort? oder ist der Worttheiler ausgefallen und das letzte ⟨𐎡 𐎹▶ davon zu trennen? In der Stelle H. 9. hat ayâ den Genitiv des Darius vor sich; ist nun hier auch ein Genitiv anzunehmen? Doch ich enthalte mich der Vermuthungen, die mir nicht zum Ziele führend scheinen. Ebenso dunkel ist mir das auf ayâ folgende Wort.

21. Für 𐎹 𐎡 𐎹 ▶𐎹 hat Porter nur 𐎹 ▶𐎹. Dann liest er aber für imᵃm. 𐎡 𐎡 𐎡 𐎹[ ]. Mithin eine Verwechselung mit dem Schlussworte

der Zeile. Endlich ist das ganz vollständige ha-k'iah Z. 22. bei Porter auf wenige unzusammenhängende Züge herabgekommen.

Da mâ im Zd. und Skt. ne, Griech. μὴ, bedeutet, und in der Stelle H. 9. folg. auf ayâ ein Gebet folgt, so wird hier wohl ein Gebet averruncandi caussa anzunehmen seyn. Nach mâ stehen im Skt. die Imperfecta und Aoriste ohne Augment; auch dieses lässt sich bei dem folgenden Verbum vermuthen. Das m deutet auf die erste Person. 𐎡 kann auf vieles führen v, p, i, d, darçam, ne videam wäre das leichteste, die 1ste sing. aor. von driç. Da Niebuhr's Genauigkeit sich so oft erprobt hat, so lese ich die folgenden Worte mit ihm: imam. pâraçam. kâram. Es folgt pâk'iah. pak', पच्, bedeutet im Skt. kochen. Im Zend *) kommt es vor von der Verbrennung der Todten. Heisst es hier: saevire? Es ist eine Form mit Vriddhi, also eine weitere Ableitung. Da hak'iah der Bändiger ist und Darius dies als ein stehendes Beiwort sich gewählt zu haben scheint, — man siehe L. B. 11. — so wäre der Sinn: möge ich, der Bändiger, nie die Perser, wie ein Tyrann, ansehen. Doch schlage ich dieses nur in Ermangelung einer sicherern Erklärung vor.

22. Nach Niebuhr's einzelnstehendem 𐎡 𐎠 setzt Porter eine Lücke, dann aber ein 𐎡, um welches er dagegen das folgende Wort verkürzt.

---

*) V. S. 121. naçuç pak'ya.

Er scheint sich hier wieder in den Buchstaben verwirrt zu haben. Ich folge wieder Niebuhr, der in der Lücke noch ❙ - ❙❙❙ hat. Da pâr^{a}ça ohne Flexion steht, muss es mit dem folgenden componirt seyn und der Anfang des vorhergehenden Wortes wird wohl ❙❯ ❙❙❙ gewesen seyn, also: kâr^a. pâr^{a}ç^a. In dem nächsten Worte müssen wir einen Ausfall des Worttheilers vor ❮❯❮ annehmen, da dieses in der Mitte nur vor h steht, im Wortanfange aber auch vor Dentalen, wie a d ä. Auch ist pâtâ ein leicht erkläliches Wort, der Nom. von pâtri, von pâ, schützen, welches wir A. 23. H. 16. L. B. 15. haben. Dem Sinne nach kommt es dem Zendischen paiti nahe, welches aus derselben Wurzel hervorgeht. Die drei letzten Worte sind wörtlich richtiges Sanskrit: कार्पार्श्रपाता.

Habe ich d^{a}rç^{a}m richtig vermuthet, und pâk'i^{a}h richtig gefasst, ist der Sinn dieser: man muss dabei das h^{a}k'i^{a}h Z. 19. sich zurückrufen: ne intuear (habeam) hunc Persam ministrum instar vexatoris, domitoris, (ego) ministri Persae tutor.

22—23. in d^{c}qist^a ist der letzte Buchstabe bei Niebuhr und Porter nur ❙❙❙, da aber Porter einen Schaden vor ❙❙❙ angiebt, wird es ❯❙❙❙, t, seyn. Bei Porter ist auch der erste Buchstabe sicher, Niebuhr hat den obern Theil des Winkelhakens ausgelassen, so dass es wie ein Worttheiler aussieht. — Porter hat ❙❙❙ ❮❮ ❯❙❙❙ ❙❙❙. Da nun aber Niebuhr ein regelmässiges t hat und dem s' seinen Strich giebt, so scheint Porter blos aus Versehen den einen Querstrich falsch gestellt zu haben. Es kann demnach ≷|ᛰ schwerlich ein neues Zeichen seyn. Das Zeichen vor sʿ ist bei Niebuhr ⟨[]ᛰ, also kʿ. Da weiter stʿâ, stehen, im Altp. çtâ geschrieben wird, H. 8. 13. so ist dieses nicht in sʿtâ zu suchen. kʿçtâ = kʿsʿtâ steht V. S. 62. und nach dem, was ich oben bei dem Namen Xerxes bemerkt habe, scheint kʿsʿtâ das Faem. eines Particips auf ta seyn zu können. Da aber das vorhergehende ein Compositum ist, âkʿsʿtâ aber allein steht, so ist es eher ein Subst. Faem. auf tâ. Das erste â ist die Präpos. âkʿsʿtâ ist daher sehr wahrscheinlich: **Herrschaft**. dʿaqisʿtʿa scheint das Zendwort dãnhiçta*), der weiseste. Die Adspiration des Anlautes weiss ich nicht zu erklären. dãnhiçta scheint unmittelbar von der Wurzel danh (Skt. दृश्, sehen) herzustammen, dʿaqisʿta dagegen von einem auf va gebildeten Adjectiv.

sʿihatisʿ wird sich L. B. wieder zeigen und hat dort sicher die Bedeutung: **Loos, Zustand, Schicksal**. Zusammengenommen scheinen beide Wörter eher: von glücklichem Loos zu bedeuten; ich habe danach vorläufig übersetzt. anghâ ist der Genitiv zu ah; er geht wohl auf pâraçᵃ, da wir die 1ste Pers. für Darius erwarten müssen. Da nun der Satz mit âkʿsʿtâ zu Ende ist und wir ein Verbum nöthig haben, müssen wir dieses in atiᵃh suchen, wie in âbiᵃh im letzten Satze.

---

*) Burn. Vasista p. 20.

Kann a ti die Präp. seyn: ati, über? ᵃh eine imperativische Form von as, seyn? atiᵃh also ohne Flexions-Zeichen, wie âbar? Es bleibt mir hier nichts als eine Vermuthung, wonach ich übersetze: sit ei felicissimae fortunae imperium.

23 — 24. Porter hat imᵃ für imâm. Fehler. imâm viçam sind offenbar Object; über das letzte s. S. 73.

Da nirᵃçâtiᵃh kein Faem. Sing. âurâ kein Masc. Sing. seyn kann, so müssen beide Plur. seyn. Es ist also entweder nirᵃçâtayah zu lesen, nach der Skt. Form der Wörter auf i, oder richtiger, niraçâtyᵃh nach der Zendform. Also Thema niraçâti. Dieses scheint aber eine andere Ableitung statt des Zendischen raçãnçtât', Gerechtigkeit. aqîyᵃh führt auf ein Thema aqi, oder aqî, der Nom. Plur. wie im Skt. striyah von strî. Da an͠gh-vas im Zend seyend, reel, bedeutet *), im Superlativ aber an͠gh-içta. V. S. 130. hat, so wird mit dem Affix vin im Altp. ein gleichbedeutendes Wort entstehen können. Oder das Affix ist jenes wa, welches wir in âônwᵃm annahmen, dessen Faem. aber wî. Da die Zendwörter auf in dieses in i verkürzen: manaqyâ von manaqi = manasvi für -vin, so ist die Annahme eines Wortes as + vi = aqi nicht bedenklich **).

---

*) Yaç. Not. CXIII.
**) Instrum. V. S. 36. cf. B. Obs. p. 26.

Es bleibt âbiᵃh. Ist ah, wie oben angenommen, von as seyn, hier aber Plural? und âbi für Zend aibi, aiwi, Skt. ab'i, hinzu? Die Länge des Vocals macht dieses zweifelhaft; ich habe jedoch nichts besseres vorzuschlagen. Ich übersetze also zweifelnd: vera divina iustitia adsit huic habitationi.

Niebuhr's Inschrift H.

1 — 5. Für das z in wᵃzᵃrk hat Porter 𐏐𐎺𐎼. Das t von mᵃʒisʿtᵃ ist bei ihm ein m geworden, indem ein Querstrich fehlt. Sonst keine erhebliche Abweichung.

Ich lese und übersetze: âurᵃmᵃzdâ. wᵃzᵃrk. ah. mᵃʒisʿtᵃ. bᵃgânâm. aqᵃ. dârhᵃwum. k'sâh ʒihᵃm. âdᵃdâ. ausʿᵃdᵃh. k'sʿtᵃm. frâbar. wᵃsʿnâ. âurᵃmᵃzdân͂gâ. dârhᵃwusʿ. k'sâhʒiᵃh. ʒâtiᵃh.

Auramazdes magnus. Is maximarum felicitatum existentia donavit regem Darium. Intelligentia praeditus regnum adauxit ex voluntate Auramazdis Darius, regia progenies.

Ueber mᵃʒisʿta s. S. 74. bᵃgânâm, Genitiv Plur. von bᵃgᵃ (L. B.) habe ich im Sinne des Indischen b'aga in b'agavat genommen. Vielleicht ist aber der Sinn: Loos, Schicksal, hier vorzuziehen.

aqᵃ nehme ich als Instrumental mit kurzem a, wie im Zend oft. Das Thema hat dann ein u und ist von as, seyn, abgeleitet, wie im Skt. asu,

Leben, Lebensgeist, im Zend ahu, anghu; Existenz, Welt *).

âdᵃdâ, redupl. Perf. von dâ. Ich habe das dare vorgezogen, obwohl â + dᶜâ, erschaffen, einsetzen, ebenso gut passt. Skt. âdadâu, Zd. âdada, doch wird auch wohl âdadâ vorkommen.

auśᵃdah. Ich habe übersetzt nach den Untersuchungen Burnouf's über uśidām **): der die Intelligenz bewahrt. uśi entspricht unserm auśa, und beide gehen auf vaś = vaç, zurück. Ob nicht der Begriff des Wollens richtiger in unserm Worte gesucht wird? Darius, der den Willen des Ormuzd ausführte? Ich habe erst geglaubt, auśᵃdah sey der Name eines Genius, Diener des Ormuzd. Dann steht aber das folgende Darius ohne einen rechten Zusammenhang.

kśtᵃm. Dieses Wort, welches A. 25. herzustellen ist, habe ich erklärt, wie oben âkśtâ. Warum es mit einem 𐎻 geschrieben wird, weiss ich nicht anzugeben.

5—7. dârhᵃwus. kśâhζiah. ihâ. dahâuś. pârᵃç. thâm. manâ. âurᵃ. mᵃzdâ. frâbar.

Darius, rex huius terrae Persicae. Eam per me evexit Auramazdes.

Das Wort dârhᵃwuś ist bei Porter ganz zerstört; Niebuhr hat es richtig. ihâ hat Porter in ⊢𐎻 𐏐 ⊢𐎹 verwandelt. Das erste Zeichen ist mit dem Worttheiler des vorhergehenden Wor-

---

*) Y. p. 50. 80.
**) Yaç. p. 405.

tes beschwert worden; das m ist durch eine falsche Stelle des Querkeils entstanden. Wir sehen aus diesem und einigen andern Beispielen, dass das Altp. hâ auch auf Faem. Genitive der Wörter auf i ausdehnt. Dieses weicht in der That sehr vom Sanskrit und Zend ab. Von i haben wir nur ausser diesem sichern Beispiel noch um^{a}rtihâ H. 9. und bu'mihâ A. 12. L. B. 8. Also nicht blos Pronominalia. Ich halte es für die masculine Endung hâ, die nach einer falschen Analogie auf das Faem. übertragen wird. i ist natürlich das Pronomen i im Zend und Sanskrit. pâraç scheint unflectirt zu stehen; das vorhergehende Wort hat das Casuszeichen. Da wir pâraçam-çâ gefunden haben, so wird wohl der Völkername flectirt seyn, der Name des Landes vielleicht nur in einzelnen Fällen. m^{a}nâ nehme ich als Instrumentalis. frâb^{a}r s. oben âb^{a}r. frab̃ḗrḗta steht gerade ebenso Vend. Sad. p. 129.

7—11. up^{a}çtâ habe ich hergestellt nach Z. 13. Niebuhr giebt nur 𒆴 für das p, bei Porter ist die Lücke vollständig geworden. Dann hat Niebuhr p für t. Ist 𒆴 für 𒐖? qaçpâ = Skt. svaçvâ, canis suus? Aber wie zu erklären? añghâ. nibâ up^{a}çtâ. umartihâ. w^{a}s̃nâ. âuram^{a}zdâñgâ. manyâ. dârh^{a}waus'. ks̃âhçih^{a}ñghâ. ayâ ânih^{a}nâ.

Ei sit cultus propitio. Ex voluntate Auramazdis ex mente Darii regis (sint preces?).
añghâ, Genitiv, auf den sich umartihâ bezieht. Ich erkläre marti aus m̃eré = ष, smri, sich er-

innern *); u statt h u, siehe oben S. 125. Also: sich erinnernd, wohlwollend. Jedoch die Erwägung, dass das p in -çpâ selbst bei Niebuhr deutlich ist, lässt mich zu der Vermuthung qaçpâ zurückkehren. bâ ist sey; siehe Burnouf Y. p. 411. und V. S. S. 136. in der Formel yat́. bâ. paiti. ni ist dann Präpos. ayâ. ân. scheint glüchliches Gedeihen zu bedeuten und das Ganze Ein Satz: ihm sey Gedeihen, aber wem? Wahrscheinlich dem Lande oder dem Perservolk. Die Instrumentale mit ihren Genitiven: „nach dem Willen des Ormuzd, durch die Intelligenz des Darius" fügen sich dieser Auslegung leicht. Auch die Stelle I. 20. wenn ah, sey bedeuten kann: potentia numinis sit processus faustus. qaçpâ kann auch Inst. seyn, aber dann ist zu theilen: q-açpâ, bono equo; geht dies auf das Orakel des Darius? wer ist aber dann umartihâ? und wie ist es mit dem Uebrigen zu verbinden?

11—12. Für das ç am Ende Z. 11. hat Porter nur ɣ. Es kommt das Wort in einer andern Form im Zend vor: tarçtô. V. S. 42. **). tarçtâi. zaot́rô. barěnâi S. 98. Beide Stellen beweisen mir das Vorhandenseyn der Wurzel im Zend, nicht die Bedeutung. Eine Wurzel तृष् ist nicht im Skt., wenigstens in dieser Form. Ich muss also tarçiah, gebildet wie âdarsiah, unerklärt lassen.

S. Y. Not. CXLII flg..   **) S. Kleuker. I. 83. 163.

Auch n i h oder n iᵃ h ⪽ 𐎡 𐎹 ist mir unklar. Wenn ni, wie in nibâ, Präpos. wäre, so liesse sich ᵃh fassen, wie in âbiᵃh. atiᵃh; siehe oben S. 156. Sit — nobilis Darius rex. Doch ist dieses alles zweifelhaft.

13—16. viζibisʿ stelle ich her aus Niebuhr; bei dem das 𐎣𐎡 schadhaft ist. Porter hat dafür nur 𐎹[ ] und d für v. bᵃgibisʿ steht deutlich am Ende dieser Inschrift; hier fehlt bei beiden das g, welches aber gerade die Lücke ausfüllt. In dan̆ghâum hat Porter das d nicht mehr gefunden.

mᵃnâ. âurᵃmᵃzdâ upᵃçtâm. bᵃrtʿᵃqᵃ. adâ. viζibisʿ. bᵃgibis. utâ. imâm. dan̆ghâum. âurᵃmᵃzdâ. pâtʿᵃqᵃ.

A me accipe, o Auramazdes, cultum heic felicibus palatiis; et tuere, o Auramazdes, hanc terram.

âurᵃmᵃzdâ ist beide Male Vocativ. Die Imperativ Endungen qa sind im Skt. sva, Zend n̆guha für n̆ghva; S. oben S. 88. pâ, wie bar, nehmen beide das tʿ, wie im Zd. frî, dâ; ob also alle vocalischen Wurzeln im Altp. diesen Zusatz annehmen? Wir haben nachher auch dâtʿᵃqᵃ. — bᵃgibisʿ wird von dem Adjectiv bᵃgin seyn, da wir oben baga in bᵃgânâm hatten. Ich habe die Worte so verstanden: „Nimm an die Huldigung, die dir dargebracht wird durch die Errichtung von Gebäuden zu deiner Ehre." upᵃçtâ findet sich V. S. 48. und gerade mit bĕrĕ, tragen, bringen, verbunden, wie hier. Die Bedeutung habe ich aus dem Skt. genommen: upastʿâna, Dienstleitung, Huldigung; Wilson hat diese

Bedeutung vergessen und giebt nur upastâtri, Diener. Wenn der Instrumentalis im Sinne des Locativs im Altp. stehen könnte, so würde ich vorschlagen, die erste Bedeutung von upastâ zu nehmen, Nähe, Hinzukunft. Trage deine Gegenwart hieher in diese Palläste, die dadurch beglückt werden, und schütze das Land.

16 — 18. Von den hier folgenden Worten, die zum Theil sehr gelitten haben, ist es noch möglich, die richtigen Lesarten herzustellen. Bei den letzten, die ich nachher hinzufügen werde, ist dieses unmöglich. Das von mir gesetzte letzte Wort daṅghâum hat das m nicht mehr, das u lässt sich noch erkennen. I. 24. haben wir dieselbe Reihe, wodurch âbiah. imâm. daṅghâum gesichert ist. Im vorhergehenden steht dreimal ayâ, jedes Mal mit einem verschiedenen Beiwort. Das Wort ayâ selbst ist das erste Mal ganz erhalten bei Niebuhr, sonst nicht. Ich halte mich bei der Aufzählung der ausgefallenen Striche nicht auf. Das erste Beiwort ist bei Niebuhr 〈≥〈 ⩌ ≥〈 ⩋ 〉〈⊢ ⩋ ⟨ Bei Porter fehlt das h. Unten, wo das Wort wiederkehrt, Z. 19. hat Niebuhr nur 〈≥〈 [ ] ≥〈 ⩋ ⟨ Das ⩌ ist zwischen a und n verwischt. Gehört nun aber oben hâ zu dem Worte? oder ist ein Worttheiler zwischen beiden ausgefallen, wie Niebuhr anzudeuten scheint, und hâ ein besonderes Wort? hâ, Zd. hâ, Skt. sâ, wäre diese. Da die übrigen Beiwörter nicht diesen Zusatz hâ haben und aina unten auch nicht, so ist es wohl ein besonderes Wort. aina wäre

Zd. aênâ, und dies könnte entweder das Pronomen 𐎲𐎠 seyn (𐎲𐎡, ênam), oder ein Appellativ; aênaoiti, also aên aus in bedeutet im Zend: tadeln *). Ich finde das Wort im Sanskrit mit entgegengesetzter Bedeutung: ênâ agnim-âhuve, cum laude Agnim invoco **); also ein Wort ên mit der Bedeutung von αἶνος, Beifall, während ênas im Sanskrit Tadel und Sünde bedeutet, wie das Zendwort. Wenn nun unser ainâ dazu gehört, welchen Sinn hat es?

Das zweite Beiwort ist d'is'ihârâ; so hat N. hier und unten ihâr- deutlich. Für den Anfangsbuchstaben giebt er dort r, d. h. 𒂖, es hat aber Porter 𒀹 und Niebuhr hat den Winkelhaken nicht erkannt. Ueber das dritte Beiwort giebt uns Porter auch wohl das rechte: 𒐊 𒂖 𒀸 𒀹 𒐊. Bei Niebuhr ist der Winkel des g halb zu einem Worttheiler gemacht, halb verschwunden. Unten ist die letzte Sylbe ganz verstümmelt.

Das Gebet wird also seyn, dass Segen über das Land komme von dreierlei Art; von welcher, kann ich nicht erklären.

Die letzten Worte Z. 18—24. sind so verstümmelt, dass nichts mehr, als einzelne Ausdrücke sich erkennen lassen.

Porter hat die beiden letzten Zeilen ausgelassen und giebt auch von den andern weniger, als

---

*) Yaçn. p. 432.
**) Rosen, Rigv. p. 20. 1.

Niebuhr, ich führe dieses nur an, weil man daraus sieht, dass er eben dieselbe nur schadhafter gewordene Inschrift vor Augen hatte.

Ich erkenne unter diesen Wörtern nur den Accusativ âur^amazd^am, den Vocativ - mazdâ, den Imperativ udât'^aqa, den Instrum. Plur. bagibis', dreimal die Partikel mâ, und âd^am nebst âd^at.

Inschriften des Xerxes.

Niebuhr's G.

Ich halte mich bei dieser nicht auf, da alle Wörter auch sonst vorkommen. Es ist nur ein Fehler in Niebuhr's Abschrift, Z. 1. 𐎣 für 𐎧 im Namen des Xerxes.

k's'hârsâ. k's'âhℨi^ah. w^azark. k's'âhℨi^ah. k's'âhℨihânâm. dârh^awaus'. k's'âhℨih^anğhâ. put'. ak'^am^anis'i^ah.

Xerxes, rex magnus, rex regum, Darii regis filius, Achaemenius.

Niebuhr's A.

Ich nehme diese zuerst vor, weil sie uns die Gelegenheit giebt, einen grossen Theil der Le Brun'schen im voraus zu emendiren. Der Anfang fehlt und ist aus Le Brun zu suppliren. Nämlich Z. 1. ist m. âdâ. m^artih^anğhâ. auszufüllen; diese drei Worte hangen mit dem vorhergehenden zusammen und Ormuzd ist das Subject, worauf sich das ah, cr. Z. 2. bezieht.

Die vier ersten Zeilen sind von Porter ausgelassen. Da Niebuhr's Zeilen nur die halbe Länge derer der Le Brun'schen Inschrift haben, sieht man, dass fünf Zeilen vor Niebuhr's erster zerstört worden sind. Niebuhr muss aber die Zeilen gegeben haben, wie er sie fand; Porter hat sie ebenso.

Z. 3. steht 𒀭𒀭 fehlerhaft für 𒀭 im Accus. von k's͗âhᶝiᵃh. S. Z. 5.

Z. 4. u. 5. muss 𒀭 hergestellt werden, und im ersten Worte das n, welches zerstört ist. Z. 5. init. setzt Porter 𒀭 für 𒀭 und 𒐊 für ►𒐊. Z. 6. ►𒀭𒀭 s. oben S. 135.

ah. k͗s͗hârs͗âm. k͗s͗âhᶝihᵃm. âônus͗. âiwᵃm. ps͗unâm. k͗s͗âhᶝihᵃm. âiwᵃm. ps͗unâm. frᵃmâtârᵃm.

Is (Ormuzdes) Xerxes regem constituit, felicem bonorum regem, felicem bonorum rectorem.

Ueber frᵃmâtârᵃm s. S. 50. âiwᵃm betrachte ich als eine Ableitung von ayâ, durch Augment des Wurzelvocals und das Affix wa, welches wir auch in âônwᵃm fanden. Ob nicht in beiden Wörtern ᵃwᵃ zu lesen? Eine andere Ableitung, wofür ich aber in der Inschrift keinen Grund finde, liesse sich aus âyus (आयुस्), âyu (आयु), langes Leben, versuchen.

6 — 16. Niebuhr liest âdᵃm für âim. Da auch Le Brun (Z. 6.) das erste hat und auch in der Inschrift des Ochus so stand, wird so zu le-

sen seyn. Z. 7. Porter hat 𒑱 für 𒆍 in kʿshârsʾâ. Z. 8. liesst er wᵃzᵃrsâ, offenbar eine Ungenauigkeit, er hat das sâ aus Xerxes hieher verpflanzt. Dann 𒅗 𒁹 𒆍 𒅗 𒆍 𒅗. So auch Le Brun Z. 7. Die übrigen Varianten sind einfache Ausfälle von Strichen.

âdᵃm. kʿshârsʾâ. kʿsâhçiᵃh. wᵃzᵃrk. kʿsâ-hçiᵃh. kʿsâhçihânâm. kʿsâhçiᵃh. dañghunâm. psʿuwᵃznûnâm. kʿsâhçiᵃh. âaihâhâ, buʿmihâ. wᵃzᵃrkâhâ. dʿuriᵃh. âpyᵃh. dârhᵃwausʿ. kʿsâhçihᵃñghâ. putʿ. akâmᵃnisʿ-iᵃh. çâtiᵃh.

Posui Xerxes, rex magnus, rex regum, rex populorum bene parentium, rex existentis orbis terrarum magni, sustentator, auctor, Darii regis filius, Achaemenia progenies.

psʿuwᵃzna ist eine Zusammensetzung von psʿu, gut, und wᵃzna, welches wahrscheinlich von Skt. vah, Zd. vaz, tragen, bringen ist: die den Tribut bringen.

Ueber buʿmihâ siehe S. 84. über den Genitiv S. 160. âaihâhâ hat zwei Auctoritäten gegen sich; ich habe meine Uebersetzung nicht sowohl auf eine beider Lesarten gegründet, als auf die im Zendavesta so häufige Phrase: existirende Welten, O Herr der existirenden Welten *), dâtarë, gaêtanâm açtvaitinâm. im Anfange des Wortes mag die Präpos. seyn, im Sinne von adest. aihâ-führt auf ein umgestelltes i: es

---
*) Vend. Sad. Frgd. II. init. etc.

ist etwa ein Substantiv aṅgha, seyend, Faem. aṅghi, anzunehmen, und der Genitiv Faem. fügt ein â vor der Flexion hâ ein, wie wᵃzᵃrkâhâ; also aṅghiâhâ = aihâhâ. Das i verhindert natürlich die Nasalirung des a. Ueber die Lesart wage ich nicht zu entscheiden; es ist eben so erklärlich, dass 𒀹 nach 𒀹𒀹 übersehen worden, als dass es nach 𒀹𒀹 sich den Augen irrthümlich wiederhohlte. Nur eine vollständigere Kenntniss der Astpers. Grammatík kann die Frage erledigen. dúriᵃh habe ich erklärt nach dem Sanskrit dúrya, Träger. So in der feierlichen Anrufung Malati Mâdh. Act. I. prolog. 3. Es bedeutet auch Minister. Hier wohl Träger des Reichs oder Beauftragter Gottes.

âpyᵃh, kann wohl nur von âp, erwerben, herstammen, der Vermehrer des Reichs.

16—21. Z. 19. liess Porter 𒀹 𒀹 𒀹𒀹. Ich vermuthe dass auch das erste 𒀹 in 𒀹 verwandelt werden muss. Z. 20. hat Porter 𒀹 (𒀹 𒀹 𒀹) für 𒀹, worüber siehe unten.

Aus dem Ausdruck tamihᵃ, der mir nichts anderes als diesen da scheint bedeuten zu können, schliesse ich, dass kᵃrtᵃm etwas seyn muss, worauf die Inschrift direct hinweisen konnte. Und wenn wir uns erinnern, dass karta oft in Persischen Namen für Burg, Feste, vorkommt, so scheint es kaum zweifelhaft, dass dieses Wort hier sich findet für die Palläste. Zadrakarta = kṣatrakarta, Königsburg; Tigranocerta, Tigranes-Burg. So wird es auch pârᵃçakarta, Perserburg, geheissen haben. Es kommt das Wort in diesem Sinne im Sanskrit nicht vor und mag daher das Semitische קרה, seyn. Da wir unten Z. 22. mâm, mich, finden, so ist nicht zweifelhaft, dass Xerxes hier in der ersten Person spricht und da das Verbum in idâ liegen muss, aber nur die erste und dritte Pers. Sing. Perf. red. gleich endigen, so lese ich 𐎠 𐎠 𐎠, wie oben âdᵃdâ H. 3. Also: ich setzte. tᵃh. mᵃnâ scheint zu heissen: dieser ich. Ich würde freilich vorziehen für tᵃh einen Accus. zu haben, der auf kᵃrtᵃm ginge; mᵃnâ stünde dann, wie oben, für einen obliquen Casus: ich setzte mir diesen. Auch ist es unerwartet für sa, (sah) den Nom. Masc. tah zu finden, obwohl sein Vorkommen, sobald mehrere Beispiele hinzutreten sollten, nichts unerlaubtes darbieten würde. Da im Skt. स:, sah, auch mit ersten Personen des Verbum verbunden wird, wie sô'ham, ich dieser, habe ich so übersetzt, und mᵃnâ als Dativ genommen.

âpᵃtᵃrᵃm oder âptᵃrᵃm ist ein Beiwort des zweiten kᵃrtᵃm, wird sich also auf die Oertlichkeit beziehen. Ich denke, es wird abgeleitet seyn, wie uttara, also von apa, im Skt. und Zd. fort, von. apâkhtara im Zend bedeutet nördlich *), also dieselbe Ableitung von apâk', wie hier von apa, wenn unser âpᵃ dieses ist. Da nun apâk' und avâk' sich entgegengesetzt sind **), so scheint im folgenden âwᵃ mit derselben Verlängerung

---

*) Yaç. N. CXI.
**) Y. l. c.

ava zu liegen. diç^am wäre von diç, Weltgegend. viç^am scheint mir nicht so sicher, weil wir sonst viξ haben. âw^adiç^am könnte also heissen: in der südlichen Weltgegend, nach Süden, gelegen. Wie sind aber beide Beiwörter zu vereinigen? die nördliche Burg auf der Südseite? Dieses ist nur Vermuthung und es wäre möglich, dass das Verbum wechselte und âw^adiç^am eine 1ste Person wäre: ich legte den Plan (diç, δείκνυμι). Dann wäre wohl âw^aviç^am, ich bewohnte (viç, intrare, habitare) vorzuziehen. Es ist allerdings schwer zu glauben, dass Porter aus ⟪ ein ⟫ gemacht, eher dass Niebuhr das Kreuz nicht klar erkannt hat. Doch hievon abgesehen, kann âpt^ar^am, wie apara im Skt. genommen werden: secundus, alter. Die Altp. Form. hätte nur die vollständige Comparativ-Form tara, das Skt. die kürzere ra. Nach dieser Vermuthung habe ich übersetzt. âur^am^azdâ hat am Ende ein â verlohren, sey es, weil ein â folgt, oder Fehler unserer Abschriften. Ich lese:

k's'hârs'â. k's'âhζi^ah. w^az^ark. t^ah. manâ. k^art^am. dadâ. utâ. tamih^a. âpt^aram. k^art^am. âw^a. diç^am. w^as'nâ. âur^am^azdâñgh (â).

Xerxes, rex magnus, ille (ego) mihi palatium posui. Tum hoc ibi alterum palatium meridiem spectans, ex voluntate Auramazdis.

22—25. Z. 23. hat Porter für z ⟨⟩. Das Wort am Ende Z. 24. stelle ich nach den Ueberbleibseln bei Porter ⌐ ⊵ her: ⟪⟨⟫ ⟨⟫ ⟪ ⟩⟪, wie es H. 3. steht.

âònwᵃm. mâm. âuramazdâ. pâtᵃqᵃ. adâ. bᵃgibis'. utâmihᵃ. k's't'ᵃm. utâ. tᵃmihᵃ. kᵃrtᵃm.

conditorem me, o Auramazdes, tuere heic felicitate, tum hoc regnum, tum hoc palatium.

Ich halte utâtamiha (𒀸𒀸𒀸 𒀸 𒀸 𒀸 𒀸 𒀸 𒀸 𒀸) für die wahre Lesart Z. 24. und die unsrige für einen Fehler. bᵃgibis', wie oben, muss Instrumentalis Plur. seyn, aber des Nomens auf a, L. B. 1. H. 1. Das Altpersiche gebraucht also auch hier den Bindevocal i und elidirt a.

Es fehlen wahrscheinlich zwei Zeilen, die bei Le Brun sich in Einer finden.

Le Brun's No. 131. Tom. II. 272.

Ich setze diese Inschrift her mit den Verbesserungen, die sich aus der Vergleichung mit den andern ergeben; wo diese sicher sind, bemerke ich nichts, als die fehlerhaften Zeichen selbst, denen ich hier als Varianten eine Stelle angewiesen; wo meine Aenderungen den Sinn betreffen oder zweifelhaft sind, habe ich Rechenschaft in den Anmerkungen gegeben.

Varianten.

1. 𒀸 𒀸 𒀸 𒀸 - 𒀸 𒀸 = maz. Auch 𒀸 für beide m in imâm, in buvᵃm und

öfters. 2) 〈〈 für 〈≻〈. — 𒀸 ⊢⊨ ⊢⊢⊢⊢ — ⊢⊢⊢⊢ ≻⊢⊢⊢ am Ende. 3) Für a h: 〈〈⊢⊢〈〈. — Die übrigen Fehler dieser Zeile sind ohne Bedeutung. 4) Für ô = 〈⊢ 〈⊢𒀸. — für w = ≻≻, für p = 𒀸. 5) Da diese Wörter alle sicher stehen, gebe ich die Fehler nicht an. — 6) Aus dem r in kˢh. und wᵃzᵃrk ist ≻⊢ geworden. Für das zweite nᵃh steht 〈≻〈 ⊢〈⊢, es fehlt aber der vorhergehende Worttheiler. Für das letzte: ≻〈 ⊢〈〈, wo wieder der Worttheiler in 〈 vergrössert ist. 7) Für p steht 𒀸, für wz ⊢⊨〈 ⊢⊢⊢⊢. 8) init. 〈⊢⊢ für u, für dᶜ = 〈≻⊢, für p = 𒀸, für r zweimal ≻⊢. 9) Für p in putʼ = 𒀸, für t in çâtiᵃh = ≻⊢⊢. 10) Das w in wᵃzᵃrk ist wiederhohlt: ⊢⊨ ⊢⊨. Am Ende 𒀸 𒀸 〈≻〈 ⊢⊢⊢ und im Anfange von 11) ⊢⊢⊢⊢⊢. Siehe unten. 12) Init. 𒀸 für p. Dann fehlt r in âura, dann dâtᶜᵃqa. 14) Init. 𒀸 𒀸 𒀸 ⊢⊢⊢ ⊢ (für 𒀸 ⊢) 15) 𒀸 für p.

---

1 — 5. bᵃgᵃ. wᵃzᵃrk. âurᵃmᵃzdâ. ah. imâm. buvᵃm. âda. ah. âwᵃzᵃ. âçmânᵃm. âdâ. ah. mᵃrtihᵃm. âdâ. ah. sʼihâtim. âdâ marlihᵃn͡ghâ. ah. kˢhârsᵃam. nᵃhᵃm. âônusʼ. âiwᵃm. psʼunâm. nᵃhᵃm. âiwᵃm. psʼunâm. frᵃmâtârᵃm.

Felicitate magnus Auramazdes. Is hanc terram creavit, is coelum excelsum creavit, is mortales creavit, is fata mortalium creavit. Is Xerxem regem constituit felicem bonorum regem, felicem bonorum rectorem.

Die beiden ersten Wörter bilden ein tatpuruśa. — Ueber buvam s. S. 127. Skt. buvam. - âwᵃzᵃ ist gewiss verwandt mit âwᵃśiyᵃh Z. 2. Hier ist vielleicht âwᵃz zu lesen, so dass ś in z vor dem folgenden Vocal übergeht. Als Beiwort des Himmels und des Ormuzd kann es mit ava, nieder, schwerlich verwandt seyn od. diese Präposition müsste im Altp. gerade die entgegengesetzte Bedeutung haben. Ich habe es vermuthungsweise übersetzt. âçmânam, der Form nach Skt. açmânam, Zd. açmânem (V. S. 79.) S. Burnouf's Yaçn. N. p. V. — mᵃrtiham lässt sich herstellen aus dem folgenden Genitiv desselben Wortes. Ueber den Accus. s. S. 142. śihâtim. Die Bedeutung geht aus dem Zusammenhange hervor. Ich halte hâti für das Zendische hâiti, Seyn *). śi lässt sich vergleichen mit dem Indischen kśi, Wohnung, vielleicht Erde, wie kśiti, Erdenseyn, wofür im Zend śiti steht **). Die Uebersetzung lässt sich also auch etymologisch rechtfertigen. nᵃhᵃm. Ueber die Flexion ist schon oben gesprochen. Die Bedeutung ist gewiss König, denn es steht gerade an der Stelle von kśâhçiᵃh, überall wo es vorkommt. Es ist kein besonderer Titel des Xerxes; auch Darius brauchte ihn, siehe das Fragment bei Le Brun 133. Z. 3. wo diese Worte klar sich entziffern lassen, wenn man die Zeilen umstellt:

---

*) Y. S. 94. V. S. 67. hâitim.
**) Y. p. 277.

dârhᵃ]wusʿ. nᵃh. wazᵃrk. vi]s̓tâ]çpᵃn͂ghâ. putʿ. akâmᵃnisʿi]ᵃh. Doch wird es wohl eine Nebenbedeutung haben. Wenn, wie ich glaube, dass Thema na ist, würde ich es vergleichen mit der Wurzel nâ im Zend, für das Skt. nî, führen, woher nâtʿ, wie datʿ, frîtʿ, u. s. w. V. S. 142. kamĕrĕdĕm vînâtʿayen, „sie mögen den Gürtel abnehmen." na verkürzt aus nâ, Führer? Die Vermuthung Grotefend's, es sey ein compendium scripturae, hat nichts für sich.

5 — 10. âdam. k̓s̓hârsʿâ. nᵃh. wazᵃrk. nah. nᵃhânâm. nᵃh. dᵃn͂ghunâm. psʿuwᵃznânâm. nᵃh. âᵃn͂ghâhâ. bu͚mihâ. wazᵃrkâhâ. dʿuriᵃh. âpyᵃh. dârhᵃwausʿ. nᵃhᵃn͂ghâ. putʿ. akʿâmᵃnisʿiᵃh. çâtiᵃh. k̓s̓hârsʿâ. nᵃh. wazᵃrk. wᵃsʿnâ. âurᵃn͂ghâ. mᵃzdân͂gâ.

Posui Xerxes, rex magnus, rex regum, rex populorum bene parentium, rex existentis orbis terrarum magni, sustentator, auctor, Darii regis filius, Achaemenia progenies. Xerxes, rex magnus, ex voluntate Auramazdis.

Da im Zend ahuramazda beide Wörter flectirt werden können, und Le Brun âurah hat, so ist wohl meine Ausfüllung sicher. Nur wird vielleich das Altp. beide Vocale in andern Fällen contrahiren und nur einen schreiben, wie oben A. 22. der Fall war. Ich habe das â eingeklammert.

Le Brun hat dann eine Zeile ausgelassen; mᵃzdân͂gâ war vollständig ausgeschrieben Zeile 10. Das ►𝐖 muss ein Schreibfehler für 𝐖, d. h. 𝐖.

seyn. Das m im Anfange der nächsten deutet einen Accusativ an, der von âônus regiert war. Auch fehlt das Verbum und Object zu Xerxes Z. 10. Es wird etwa gestanden haben: im^am. k^art^am. d^adâ. utâ. tamih^a. k^art^a]m. oder tìr^a]m, hoc palatium posui. Hoc autem, etc.

11—15. m. ak'is'. dârh^awus. n^ah. âônus'. ah. m^anâ. pit'â. mâm. âur^am^azdâ. pât^caq^a. adâ. b^agibis'. utâ tamih^a. k^art^am. utâ. tamih^a. pit'. dârh^awaus'. n^ah^an͠ghâ k^art^am. âw^asîyah. âur^am^azdâ. pât^caq^a. adâ. b^agibis'.

(palatium) domitor Darius rex constituit. Is meus pater. Memet tuere, Auramazdes, heic felicitate; tum hoc ibi palatium, tum hoc patris Darii regis palatium, excelse Auramazdes, tuere heic felicitate.

pit'â, Skt. pitâ, Zd. paita‾ oder wohl richtiger auch pitâ, Vater, gründet sich auf eine Emendation (𐎶 für 𐎳), die wohl aber sicher ist. Es ergiebt sich daraus, dass wir Recht hatten, pit' zu lesen, warum aber dieser Genitiv flexionslos geworden, ist schwer zu sagen. Was put' betrifft, welches auch für den Nominativ vorkommt, so ist dieses noch unerklärlicher. Die Emendation mâm für tâm, welches ohnehin thâm geschrieben wird, H. 6. gründet sich auf A. 22. Der Vocativ âw^asîy^ah weicht ab von Skt. und Zd. (a), doch ist es nicht gewiss, dass dieses Wort sein Thema auf a bildet. — ak'is', wobei kaum Le Brun zufällig a für h und s' für ^ah gesetzt haben kann, ist merkwürdig. Das erste beweist die Schwäche des h im Anlaute, das zweite die Richtigkeit des aufgestellten Lautgesetzes über s. Wenn ia contrahirt wird in i, kehrt das ursprüngliche s wieder, als s͑.

Nachdem wir so die Inschriften durchgemustert haben, wollen wir zunächst ein Verzeichniss der darin vorkommenden Wörter aufstellen.

aid͑us͑ I. 17.
ainâ (hâ) II. 16.
aus͑adah II. 3.
ak͑âm^{a}nis͑iah I. 6. A. 16. B. 5. C. 4. M. 2. L. B. 9.
aqa H. 2.
aqîy^{a}h I. 24.
ak͑is͑ = hak͑iah L. B. 11.
atiah I. 22.
adâ I. 8. A. 23. H. 14. L. B. 12. 15.
ayâ I. 20. H. 11. 16.
ayâm I. 9.
ar^{a}q^{a}tis͑ I. 17.
ary^{a}wa I. 16.
ah B. 5. H. 1. L. B. 1. 2. 3. 11. A. 2. an͞ghâ I. 22. H. 7.
âaihâhâ, an͞ghâhâ A. 12. L. B. 7.
âiw^{a}m A. 3. 5. L. B. 4.
âônus͑ A. 3. L. B. 4. 11. B. 6.
âônw^{a}m A. 22.
âurà I. 24.
âuran͞ghà L. B. 10.

âur^{a}m^{a}zdâ A. 22. H. 1. 7. 13. 15. L. B. 1. 15.
— d^{a}m H. 22.
— dân͞gâ I. 7. H. 4. 9. A. 21.
âk͑s͑tâ I. 23.
âtarç I. 9.
âd^{a}m A. 6. L. B. 6. H. 20. I. 1. 7. M. 1. âdâ A. 1. L. B. 1—6.
âdadâ H. 3. â d^{a}t. H. 20.
âd^{a}rs͑iah. I. 8.
ânâ I. 8.
ânih^{a}nâ I. 20. H. 11. (ân^{a}y^{a}nâ?)
âpy^{a}h A. 13. L. B. 8.
âpt^{a}r^{a}m A. 20.
âbi^{a}h. I. 24. H. 18.
âb^{a}r I. 9.
àrbâh I. 11.
ârd^{a}ç^{a}tân S 75.
âr͑min I. 12.
âw^a A. 20.
âw^{a}ζâ (?) I. 20.
âwaz L. B. 2.
âwas͑îyah L. B. 14.
âçag^{a}rt. I. 15.

âçmânam L. B. 2.
âζagin S. 76.
âζurâ I. 11.
â ►ᵧ⟨ ᵧ⟨⋝ ihâ H. 19.
idâ für dᵃdâ A. 19.
ihâ (?) H. 5.
imâ I. 7.
imᵃm I. 21. B. 6. imâm I. 24. H. 15. 18. L. B. 1.
utâ I. 13. 14. A. 19. 24. 25. H. 15. L. B. 13.
utâmihᵃ (?) A. 24.
udâtᶜaqᵃ H. 23.
upᵃçtâ? H. 8. - çtâm H. 13.
umᵃrtihâ H. 9.
usçᵃⁿghâ I. 13.
ôsᶜusᶜ M. 1.
kᵃtᵃpᵃtᶜuk I. 12.
kᵃrtᵃm A. 18. 20. 25. L. B. 13.
kârᵃm I. 21. kâra I. 22.
— râ I. 8.
qᵃⁿ̃ I. 10.
qᵃçpâ (?) II. 8.
qârᵃzᶜmiᵃh I. 17.
kᶜsᶜâhζiᵃh I. 1. 2. 19. A. 7. B. 2 etc.
— ζiᵃm A. 5. II. 2.
— ζâhm A. 3. lies ζiᵃm.
— ζiᵃⁿghâ A. 15. G. 3.
— ζᶜânâm I. 2. A. 9. B. 2. G. 2.
kᶜsᶜhârsᶜâ A. 7. 16. G. 1. L. B. 6.

— sᶜâm A. 2. L. B. 4.
kᶜsᶜtᵃm H. 2. kᶜ- m A. 25.
gᵃdâr. I. 18.
(gᶜudrâhâ?) I. 11.
tᵃh. A. 18.
tᵃrçiᵃh. H. 12.
thâ I. 7. 9. 14.
thâm H. 5. (tâm siehe mâm.)
têsᶜâm I. 3.
têhᵃ I. 13. 14.
thmihᵃ A. 19. 25. L. B. 13.
dᵃⁿghunâm I. 3. A. 9. 10. B. 4. L. B. 7.
dᵃⁿghâwᵃ I. 14.
— hâusᶜ H. 5.
— hâum H. 15.
dârhᵃwusᶜ I. 1. 6.
— wum H. 2.
— wausᶜ I. 14. II. 10.
diçᵃm A. 20.
drhᵃⁿghâ I. 13.
dᵃrugâ H. 17.
ďᵃqisᶜtᵃ I. 23.
ďisᶜihârâ H. 17.
ďuriᵃh A. 13. L. B. 8.
nah. P. L. B. 6.
nᵃhᵃm L. B. 4. 5. (nam).
nᵃhᵃⁿghâ L. B. 9. (nᵃⁿghâ).
nᵃhânᵃm L. B. 6. (nᶜânâm).
nibâ H. 7.
nirᵃçâtyᵃh H. 12.
niᵃh. H. 12.
pᵃrutᵃh I. 15.

12

pᵃrζᵃwᵃ I. 15.
pâk'iᵃh I. 21.
pâtâ I. 22.
pâtᶜaqᵃ. A. 23. 11. 16. L. B.
12. 15.
pâraçᵃ H. 6. I. 22.
— çâ I. 8. — çam I. 21.
pit' L. B. 14. pitâ L. B. 12.
put' I. 5. A. 15. B. 5. G. 5.
L. B. 9.
psᶜunâm I. 4. A. 4. L. B. 5.
psᶜuwaznânâm L. B. 7. A. 10.
framâtârᵃm A. 6. L. B. 5.
frâbᵃr H. 3. 7.
bᵃgᵃ L. B. 1.
— gibisᶜ A. 24. H. 14. 25.
L. B. 12. 15.
— gânâm H. 1.
bartᶜaqᵃ H. 14.
bâk'trisᶜ I. 16.
bâg'iᵃm I. 9.
bâbisᶜusᶜ I. 10.
buᶜmihâ A. 12. L. B. 7.
buvᵃm L. B. 1.
mᵃk I. 18.
mᵃnâ I. 9. L. B. 11. A. 18.
H. 7. 13.
mᵃnyâ H. 9. - nihâ? I. 20.

mᵃrtiam L. B. 1.
— tiaṅghâ L. B. 3.
maζisᶜta H. 1.
mᵃzdâṅgâ L. B. 10. S. âura.
mâ H. 19. I. 21. II. 18.
mâd I. 10.
mâm A. 22. L. B. 12.
visᶜtâçpaṅghâ I. 4. B. 4.
viζᵃm I. 24.
— ζibis H. 15.
wᵃsᶜnâ I. 6. A. 20. H. 4. 9.
L. B. 10.
wᵃznᵃ siehe psᶜu.
wazᵃrk I. 1. A. 8. 16. P. B. 2.
G. 1. H. 1. L. B. 1. 7. 10.
— kâhâ A. 13. L. B. 8.
çakâ I. 18,
çapᵃrd I. 12.
çugᶜd I. 16.
sᶜihâtisᶜ I. 23.
— tim L. B. 3.
ζᵃtag'adusᶜ I. 17.
ζâtiᵃh I. 5. 18. A. 16. H.
5. 12. L. B. 9.
zᵃrᵃk I. 15.
hak'iᵃh I. 19. L. B. 11.
hâ (?) H. 16. hân - m H. 21.
hunâ I. 12.

§. 9. Schluss.

Hier brechen wir für jetzt die Untersuchung ab und wenn wir es nicht versuchen, von der gewonnenen Basis aus, die Forschung weiter zu führen und auf die andern Gattungen der Keilschrift auszudehnen, so ist es vorzüglich, weil wir jetzt wissen, dass die oben ausgesprochene Hoffnung, unser Vorrath an Denkmälern möge sich vermehren, bald in Erfüllung gehen wird, sowohl für die hier behandelte Gattung, als vorzüglich für die zweite zunächst zu untersuchende. Möge nun dieser Vorrath für unsere Ergebnisse berichtigend oder blos bestätigend sich erweisen, es wird jedenfalls rathsam seyn, nur so vollständig, wie möglich, ausgerüstet, die weitere Wanderung anzutreten. Die Ergebnisse dieser Untersuchung gehen nach drei verschiedenen Seiten hin, und es sey uns erlaubt, die Gesichtspuncte kurz anzudeuten, von denen wir glauben, dass sie ins Auge gefasst werden müssen.

Erstens Paläographie. Der Zusammenhang der Altpersischen Schrift mit den andern Gattungen der Keilschrift liegt vor Augen; den Grad und die Art der Verwandtschaft kann nur ihre Entzifferung bestimmen. Doch geben die Benennung der Alten: Assyrische Schrift, die Wahrnehmung, dass die Schrifterfindung zuletzt zur

Zerlegung der Sylbe und Bezeichnung der einzelnen Laute gelangt, endlich das höhere Alter der Assyrischen, Medischen und Babylonischen Cultur bedeutsame Winke über den Ursprung der Altpersischen Schrift ab. Dieses wäre der erste paläographische Gesichtspunct.

Neben dieser m o n u m e n t a l e n erscheint nach der Zeit der Achämeniden eine Cu r s i v - Schrift unter verschiedenen Formen; auf den Griechisch-Baktrischen Münzen, auf den Monumenten der Sassaniden, endlich in den Zend und Pehlevi Handschriften. Wir behaupten nicht von vorne herein die Verwandtschaft dieser neuern Alphabete mit dem alten; es ist aber ein wesentlicher Theil der Geschichte der Iranischen Alphabete.

Der dritte paläographische Gesichtspunct geht über den Euphrat westwärts und den Indus ostwärts hinaus, und sucht die Stellung der Iranischen Alphabete im Verhältniss zu den Semitischen und Indischen zu bestimmen. Aber hier muss die Forschung wieder die weitere Entzifferung der Keilschriften abwarten, so wie wir die Indische Schrift nicht mit der entzifferten Gattung der Keilschrift in Beziehung auf die Züge vergleichen wollen, ehe wir die älteste noch vorhandene Indische Schrift, die auf der Säule von Allahabad ued andern, gelesen haben. Denn wir wollen nicht den unbesonnenen Versuch wiederhohlen, auf die jetzige Form des Devanagari ein System Indischer Paläographie zu gründen.

Zweitens. Geschichte der Sprachen.

Dass wir in unsern Inschriften Altpersische Sprachdenkmale besitzen und dass das Altpersische eine neben dem Zend parallel laufende Iranische Sprache sey, wagen wir als ein sicheres Ergebniss der Untersuchung auszusprechen.

Wie in der Arischen Sprachfamilie überhaupt sich eine identische Grundlage nach verschiedenen Radien hin in je eigenthümlicher Gestalt vervielfältigt, aber nach Gesetzen, die das Identische in seiner Umgestaltung mit Sicherheit erkennen lassen; wie jeder Radius sich nachher spalten und in divergirende Richtungen zerlegen kann: so auch innerhalb des Bezirkes, welchen wir das Iranische Sprachgebiet benennen dürfen.

In jener alten Periode der Geschichte, als die Verbreitung der Völker friedlicher und ruhiger vor sich ging, und keine Ströme in durchkreuzender oder entgegengesetzter Richtung sich an einander brachen, breiteten sich die verwandten Völker, wie breite Flüsse von ihren nahe gelegenen Quellen, bis zu den entfernten Meeren, durch weite Länderstrecken, in ununterbrochener Kette fort, wie die Arischen nach den Mündungen des Ganges und nach den entfernten Ufern des Atlantischen Oceans; oder sie senkten sich, wie in ein grosses binnenländisches Meer, stagnirend in Ein engeres Becken zusammen, wie die Semitischen zwischen den Assyrisch-Medischen Bergwänden und den Küsten der Meere im Süden und Westen.

In der Kette der Arischen Sprachen, in der nur die Klein-Asiatischen uns für immer scheinen unbekannt bleiben zu sollen, bildeten die Iranischen in der alten Zeit ein selbständiges Glied; und noch jetzt behaupten sie diese Stellung, obwohl nicht unangefochten, seitdem aus den glühenden Ebenen der Semiten, wie aus den weiten Steppen Turans sich fremde Horden in die Iranischen Thäler eingekeilt haben. Die drei Sprachen, die mit altangeerbtem Rechte in dem Iranischen Gebiete sich noch behaupten, Kurdisch, Persich, Afghanisch, haben aber alle eine gleiche Verstümmelung erlitten; ihr Verhältniss zu den ältern, wie zu den verwandten Sprachen der andern Gebiete zu erläutern, beruht wesentlich auf der Kenntniss der ältern Sprachen; die neuen müssen dort ihre Erklärung suchen, können selbst keine darbieten, und es gehört wahre Unwissenheit, oder ein angebohrner Fluch, dem etymologischen Blindekuh-Spielen sich nicht entziehen zu können, dazu, die neuern Persischen Sprachen in unmittelbare Beziehung zu den alten Schwestern zu stellen.

Die jetzige Form der Neu-Iranischen Sprachen stammt aus den Jahrhunderten der Auflösung, die mit den Muhammedanern hier, wie anderswo, einbrach. Der rückwärts gewendete Blick stösst hier auf eine Lücke, die zwischen der alten und neuen Zeit liegt. Diese auszufüllen, ist also eine vorläufige Bedingung einer Iranischen Sprachgeschichte.

In der mittlern Zeit, in der Arsaciden und Sassaniden Zeit, liegen die verbindenden Glieder der alten und neuen Sprache. Aber hier ist unsere Unwissenheit noch so gross, dass wir weder das Pehlevi, wie es in den Schriften der Parsen vorliegt, noch das Pazend, noch die Sprache der Sassanidischen Denkmale gehörig kennen.

Aber auch in der alten Zeit, ehe von Westen her die nationale Entwickelung der Iranischen Völker getrübt und gehemmt worden war, liegt eine Aufgabe vor, die lösen zu versuchen, unser Bestreben seyn muss, weil wir erst dadurch den Umkreis des Altiranischen Sprachbezirks ausfüllen: die Wiederherstellung der Assyrischen Sprache. In den Inschriften liegt ohne Zweifel, namentlich wenn die neuen vom See Wan hinzukommen, ein hinreichendes Material, um die Grundzüge der Grammatik zu erkennen, wenn nur erst das Alphabet entdeckt seyn wird.

Also auch für die Geschichte der Sprachen stellt sich die weitere Erforschung der Keilschrift, als ein Bedürfnis dar, um aus dem Nebel der Vermuthungen in den Tag der beglaubigten Geschichte hinüber schreiten zu können. Für einen Zweig, für das Altpersische, bieten uns die Inschriften schon erhebliche Hülfsmittel zur Darstellung der Grammatik, und ist die Masse der Texte viel kleiner, als im Zend, so ist dagegen die Aechtheit und die Genauigkeit unbezweifelt, die Zeit der Abfassung sicher.

Drittens. Geschichte. Wenn wir nach dem Gewinne fragen, den die geschichtliche Forschung aus diesen Inschriften ziehen kann, so ist nicht zu bezweifeln, dass wohl gerade andere Inschriften, die noch vorhanden, aber nicht copirt worden sind, einen grössern geben würden. Es lässt sich dieses von denen über den Gräbern der Könige mit Sicherheit behaupten. Doch ist es schon für die Alterthumskunde eine brauchbare Notiz, so gewiss zu wissen, dass die Prachtgebäude in Persepolis so sicher dem Darius und Xerxes beigelegt werden können. Auch haben diese Inschriften, als unmittelbar von so alten Herrschern ausgegangen, selbst bei weniger wichtigem Inhalt, ihr Interesse.

Die wichtigste bis jetzt mitgetheilte Inschrift ist ohne Frage die, worin die Völker aufgezählt werden. Sie wird noch in andern Beziehungen, als oben geschehen ist, zu erörtern seyn; zuerst wird sie mit den bildlichen Darstellungen der Völkerschaften zusammengehalten werden müssen, die richtige und sichere Erklärung der Trachten und der dargebrachten Tribute wird durch die Inschrift ungemein erleichtert, und beides zusammen, die Inschrift und die Bilder, geben uns eines der interessantesten historischen Denkmale des Alterthums.

Eine andere wichtige Beziehung dieser Inschrift entsteht, wenn wir sie mit dem Herodotischen Verzeichnisse vergleichen, theils um die Art und Weise zu erkennen, wie Herodot seine

Nachrichten sammelte und bearbeitete; — und die Genauigkeit, womit er die Namen wiedergiebt, spricht mit so vielem andern für das hohe Zutrauen, welches dem alten Geschichtschreiber, als Berichterstatter gleichzeitiger Verhältnisse, zukommt; — theils um eine klare Einsicht in das Verhältniss der einheimischen Aufzählung zu der auswärtigen Griechischen Darstellung zu gewinnen.

Ich habe mich oben und hier auf blosse Andeutungen beschränkt, weil ich diese Untersuchungen für voreilig halte, so lange die vorgetragene Entzifferung nicht die Feuerprobe der Kritik bestanden und eine sichere Thatsache in unserer Gesammtkenntniss des Alterthums geworden ist.

Zusätze und Berichtigungen.

S. 136 u. 159. Die Angabe über ihâ im Texte ist nicht genau genug; das ►ӥ im Anfange gehört Porter allein; das m am Ende hat auch Niebuhr; ihâ ist eine Vermuthung von mir. Da h vor m vocalisirend seyn kann, so entstünde iam = yam (quod? quem?), und Porter's Figur gewönne das Ansehen des initialen y. Ich kann aber alsdann keine Construction finden und der verschobene Querkeil über dem Worttheiler führt mich auf ihâ zurück. Das über den Genitiv der Wörter auf i gesagte, ist danach zu berichtigen; manihâ I. 20. kommt wahrscheinlich hinzu, so wie die Genitive Facm. auf â-hâ. A. 12. 13. L. B. 7. 8.

S. 137, Z. 3. Diese Bemerkung ist irrig, Niebuhr hat gerade dieselbe Figur, wie Porter.

S. 141—143. Die Declination der Wörter auf i a fügt sich genau in die regelmässige Form ein, sobald h hier, wie es im System der Schrift erfordert wird, nach i nur Andeuter des a ist. ⟨≍⟨ im Innern ist nur ñg, nicht añg. Das h verhindert also die Lesart im - iñghâ und deutet an, dass zu lesen sey: -iam, - iañghâ. Vor ânâm scheint es durch das folgende â, wie im thâm, hervorgerufen. Ich lese also: ĩânâm. Die Formen des Wortes n a hatten mir diese Einsicht benommen. Hier muss der Grund in der Einsylbigkeit liegen und ich zweifele nicht, dass nah, nam, nañghâ, nânâm zu lesen sey. Ich habe die berichtigten Formen im Index gegeben. Eben so soll das h gerade die angenommene Lesart ânih^{a}nâ (S. 153, Z. 27. u. 160, 24.) verhindern, es ist ân^{a}yanâ zu lesen, Skt. ân^{a}yana, herbeiführend, wahrscheinlich glückbringend. Im Skt. heisst das Wort auch: Weihe durch die Investitur mit der heiligen Schnur. ayâ wird wohl eigentlich wie im Skt. Gang, dann guter Fortgang, Gück seyn; dann Glückwunsch, Huldigung. In beiden Stellen folgt nach dem ayâ. ân^{a}yanâ nachher das prohibitive mâ, ne, dass nicht. Der Sinn jener Wörter wird daher etwa seyn: processus faustus.

S. 144. Z. 8. Für gunirte lies vriddhirte.

S. 146. Z. 8. Lies Anfang für Ende, und â für m.

Niebuhr's Inschrift. I.

Niebuhr's Inschrift II.

Niebuhr's Inschrift. A.

Le Brun's No. 131. Tom. II. 272.

Niebuhr's Inschrift B.